明日への伝言《メッセージ》

療養所の教友たち

道友社
きずな新書
003

まえがき

本書は、平成十九年二月から三月にかけて、『天理時報』紙上に「シリーズルポ　ハンセン病療養所の教友たち」のタイトルで連載された、元ハンセン病患者の方々が苦渋と差別のなかを隔絶の地で生き抜いてきた〝真実の証言集〟です。

ハンセン病療養所入所者の高齢化が進むなか、こうした記録を残すことは、天理教療養所布教協議会（本教のハンセン病療養所での布教を目指した担当者の会）にとっても懸案事項であり、道友社の取材要請に全面協力させていただくことになりました。

しかし、いざ取材が始まると、入所者のなかには、これまで虐《しいた》げられてきた記憶が甦《よみがえ》り、「名前が出る、顔が出る、出身地名が出るのでは……」と心配する方もおられました。私は、まだ取材を受けていない園に出向いて「名前など出ないので、安心して取材に応じてくださるように」と説得に当たりましたが、結果として、道の教友がおられる十一ヵ所すべての療養所の取材は叶《かな》いませんでした。

このことは大変残念でしたが、時報の読者モニターアンケートの「最近感動した記事」の項目で、「ハンセン病療養所の教友たち」がトップだったことは、読者の皆さんが元患者の方々の言うに言えない苦労に驚き、その一途《いちず》な信仰心に感銘し、大変な境涯のなかも前向きに一生懸命に生きてこられた姿に感動してくださったのだと嬉《うれ》しく思いました。

かつて「らい病」と呼ばれ、伝染病、遺伝、天罰と恐れられ、病気への恐怖におののき、自分自身のみならず、親、兄弟姉妹、親戚《しんせき》までもが絶望の淵《ふち》に追いやられて、結婚や仕事等のうえで差別や偏見を受けた元患者の方々の苦しみを、私たちは忘れてはなりません。そして、そのような暗闇《くらやみ》のなかで親神様の思召《おぼしめし》にふれ、教祖《おやさま》の親心を感じ、藁《わら》にもすがる思いで、信仰の炎を燃やし続けて生きてきた方々がおられることを、一人でも多くの人に知っていただきたいのです。

本書に登場する教友は七人ですが、ハンセン病と差別に苦しむなかを、信仰によって救われたお道の仲間たちが、かつて全国十三カ所すべての国立療養所に大勢おられたのです。

◇

ハンセン病とは、ノルウェーのハンセン医師が一八七三年に発見した「らい菌」という細菌による感染症で、かつては「らい病」と呼ばれていました。

感染すると、手足などの末梢《まっしょう》神経がマヒしたり、痛みや熱さを感じないといった変化が現れたり、また皮膚に発疹《はっしん》が出たりします。さらに病気が進むと、顔や手足が変形することから、患者は差別の対象になりやすかったのです。

歴史をたどれば、世界で最も古いハンセン病の記録は、紀元前六百年のエジプトにまでさかのぼるといいます。人間が社会活動を始めたころには、すでにこの病気は〝不治の病〟として恐れられていました。

わが国では『日本書紀』『今昔物語集』に、らいに関する記述があります。この病気にかかった人は仕事ができなくなり、商家の奥座敷や農家の離れ小屋で、ひっそりと、世の中から隠れるようにして暮らしていたそうです。家族への迷惑を心配して放浪の旅に出る、いわゆる「放浪癩《らい》」と呼ばれる人もいました。

明治の中ごろ、日本は諸外国から、文明国の仲間入りをしたにもかかわらず、患者を放置していると非難を浴び、明治四十年に「癩予防ニ関スル件」という法律を制定。放浪癩を療養所に入所させ、隔離しました。実はこの法律は、患者の救済を図ろうとしたものでした。しかし結果的には、ハンセン病の感染力は強いという誤った考えを広げることになりました。

昭和四年、各県が競うようにしてハンセン病患者を見つけ出し、強制的に入所させる、いわゆる「無癩県運動」が全国的に展開されました。

その二年後、従来の法律を改正して「癩予防法」が成立。強制隔離によるハンセン病絶滅政策のもと、すべての患者を入所させる体制が取られました。また、優生思想により、患者に対する断種手術（パイプカット）や人工中絶が強制的に行われました。

昭和十八年、新薬「プロミン」がハンセン病に効くことがアメリカで分かりました。第二次世界大戦中のことゆえ、この薬は日本にまで届きませんでしたが、戦後の昭和二十四年以降は全患者を対象に投与されるようになりました。

しかしながら、ハンセン病学会の医師らによる「対策はまだ不十分」との見解に基づき、患者たちの猛反対を押しきる形で、昭和二十八年に「らい予防法」が成立しました。これによってハンセン病への偏見や差別はより一層助長され、その後も、患者はもとより家族までもが結婚や就職を拒まれる状況が続いたのです。

現在、高齢になった元患者の方々の多くには子どもがいません。日本のハンセン病政策は、子どもをもつことを許さなかったのです。このような対策を取ったのは、先進国では日本とイギリスのみ。お隣の韓国や中国、インドでも、こうしたことは行われませんでした。ただし、沖縄愛楽園《あいらくえん》と宮古南静園《みやこなんせいえん》では、それぞれ六十人ほどの子どもが誕生しました。戦後、アメリカの統治下に入ったからです。

平成八年、長い年月を経て「らい予防法」がようやく廃止となりました。しかし、元患者の方々は高齢になり、後遺症による重い身体障害を抱える人も少なからずおられます。

また、いまだ社会には偏見や差別があり、療養所外で暮らすことへの不安から退所できないという問題が残っています。

日本のハンセン病患者の数は、明治四十年の「癩予防ニ関スル件」公布時には約二万四千人、昭和四十五年には約九千五百人といわれましたが、平成二十二年五月現在、二千四百二十七人となり、平均年齢は八十一歳に上ります。

いまでもハンセン病は、主にインド、南米、アフリカで年に二十数万人の発症者がありますが、薬物療法で完治する病気となりました。特に先進国では、全くなくなろうとしています。

◇

ところで、全国の国立療養所では、いまも道の教友たちが、本書で紹介している ような暮らしを営んでおられます。そのお世話取りに、東北新生園《とうほくしんせいえん》「天理教陽気会」、大島青松園《おおしませいしょうえん》「天理教寄進会」などでは教区単位で当たっています。

そのほかにも、天理大学宗教学科成人会の学生たちによる各療養所の訪問と、親里の別所母屋《べっしょもや》でのお世話取り、また京都教区学生会による夏休み中の大島青松園「天理教寄進会」の月次祭のお手伝いが、いずれも四十数年にわたって続いています。

願わくは、もっと多くの若い人たちに関心を持ってもらい、足繁く療養所を訪問して、入所者のお話に耳を傾けていただきたいものです。

有史以来続いてきたといっても過言ではない、元ハンセン病患者の苦渋。とりわけ、日本の元ハンセン病患者の方々は、いわれのない差別に苦しんできました。

かつて大島青松園天理教寄進会のお世話を担当していた私の父は、『ハンセン氏病布教史録』（天理教療養所布教協議会編）に、次のように記しています。

「涙の枯れ果てた我々と同じ兄弟が生きる望みを失って、あきらめ一すじに苦悩も嗚咽《おえつ》も押し殺して生き続けた歴史の島であることを忘れてはならない」

元ハンセン病患者の方々が「この世に生まれてきて本当に良かった」と思っていただけるよう、最後までお世話をさせていただきたいというのが、療養所布教協議会委員一同の一致した思いです。

◇

今回、道友社から刊行される本書に続いて、現在、天理教療養所布教協議会でも『ハンセン病布教史録』の〝完結編〟を編纂《へんさん》中です。先人たちがハンセン病患者の方々にたすかっていただきたいと真実込めて布教された足跡、そして入所者の信仰の証しを、記録として後世に残すことは、私たちの使命だと思っています。

最後になりますが、本書の締めくくりとして、ハンセン病問題の啓蒙《けいもう》活動を長年続けてこられた長島愛生園《ながしまあいせいえん》元自治会長の石田雅男《いしだまさお》氏の講演を再録させていただきました。石田氏は教外の方ではありますが、今回の出版に際して、快く掲載をお許しくださいました。ここに、あらためて御礼を申し上げます。

平成二十二年九月

天理教療養所布教協議会委員長　北嶋眞二郎

目次

まえがき　北嶋眞二郎――2

ルポ

半世紀前の園内放送の真実　松丘保養園（青森）――15

〝生涯一布教師〟として生きる　東北新生園（宮城）――29

母と妻に支えられ通りきた道　栗生楽泉園（群馬）――45

生かされている間は懸命に生きる
多磨全生園（東京）―― 93
〝生きてきた証し〟を聴く
星塚敬愛園（鹿児島）―― 107

証言

〝隔絶の島〟から故郷ぢばを思う
大島青松園（香川）高橋　勤 ―― 61
親子の絆は最後まで断たれず
駿河療養所（静岡）柏木正子 ―― 121

特別講演
〝得な人生〟と思える自分になれたことが何より嬉しい
石田雅男（岡山・長島愛生園元自治会長）——153
ハンセン病関連略年表——176

ルポ

半世紀前の園内放送の真実

松《まつ》丘《おか》保《ほ》養《よう》園《えん》〈青森〉

〝道開け〟は、突然の園内放送だった。

「天理教信者の皆さん、一致団結して信仰を求めようではありませんか！」

この〝臨時放送〟が療養所内に流れたのは、いまから半世紀以上前の昭和二十六年。呼びかけたのは、戦前に天理教校別科（修養科の前身）を卒業した成《なり》田喜九郎《たきくろう》さん（当時37歳）。のちの「みちのく《の》友会」会長、現・みちのく友会布教所（本部直属青森縣《あおもりけん》分教会部属）の初代所長だった。その後も度重なる放送に、お道を信仰していた園内の人たちが続々と成田さんのもとに集まってきた。

◇

本州の北端、青森市にある「松丘保養園」。いま、みちのく友会布教所は、園内の小高い丘の上に立つ。玄関を入ると、数人の教友が「ストーブで体を温めてくださいな」と迎えてくださった。どの方も高齢だが、その中に成田さんの姿はない。昭和六十三年六月八日に出直されたという。享年七十四歳だった。〝臨時放送〟当時の様子を知る教友は、いまや園内で坪田《つぼた》尋三郎《たさぶろう》さん（80歳）ただ一人となった。

ただ一人の〝生き証人〟

「あの放送を耳にしたとき、『ついにこの日がやって来たか』と興奮した。その半面、『ちょっと〝招集〟が遅いんじゃないのか』とも思った」と率直に語る。

坪田さんが「遅い」と思ったのは、あの放送が流れたとき、園に来てすでに十年が経《た》っていたからだ。その間、お道の信者とおぼしき人はいたが、お互い口に出せないでいた。園にいる教友たちと一緒に、心おきなく信仰できる日が来るのを楽しみにしていたという。

坪田さんは十二歳で発症した。その後、園に隔離されるまでの三年間、近くの教会に住み込む傍《かたわ》ら、漁師である叔父《おじ》の仕事を手伝った。母は、先に発病・隔離された長男のたすかりを願い、教校別科に学んだ後、すぐに単独布教へ。そんな母の一途《いちず》な思いを受けて、坪田さんは教会に伏せ込んだ。

母の布教活動は、十数年に及んだ。その間、長男は出直し、坪田さんもその直後に発病するという大節に立て続けに見舞われた。落胆したであろう母は、「死んだら許さないからね」と坪田さんに言い渡し、涙をぬぐって布教に歩いたという。

一心不乱に道を求める母の姿が、少年時代の坪田さんの心に焼きついた。いつしか「信仰するなら天理教しかない」と思い、母の信仰を受け継いできた。

納骨堂に礼拝する坪田さん。出直した道の
先輩たちの遺骨も数多く納められている

園内放送を聞くや、坪田さんの足は自然と集会所へ向かった。〝決起の集い〟があるらしい。

「あの日のことは、はっきりと覚えていないが、暖かくなりかけたころだったように思う」と、かすかな記憶の糸をたぐる。

みちのく友会布教所に古い信者名簿がある。そこには「坪田彦三郎　入信＝昭和二十六年三月十六日」と記されている。この日は当時のみちのく友会のおつとめの日。「あのとき、たしか集会所で鳴物を入れておつとめを勤めていた。十数人いたかもしれない」と坪田さんは振り返る。

当時、おつとめをする場所がなかなか定まらなかった。成田夫妻の私室で勤めたり、寮の空き家を借りたりと、転々とせざるを得なかった。

そこで、教区管内の教会や布教所などの協力を得て、園の教友たちは神殿普請にかかった。一同が真実を込めた神殿と付属建物が完成したのは、昭和三十五年七月五日のことだった。

バス団参の思い出

時は流れ、教祖《おやさま》八十年祭が迫っていた。みちのとも会の信者は年ごとに増え、三十畳の参拝場に入りきれないほどだった。「月次祭は実ににぎやかに勤められた」と坪田さんは言う。直会《なおらい》では、バス団参のあり方をめぐって、成田さんと安野倭夫《やすのしずお》・青森縣分教会五代会長が激しく言葉をやりとりする場面をたびたび見かけた。

安野嘉彦《よしひこ》・青森縣分教会七代会長（66歳）は、五代会長に連れられて頻繁に

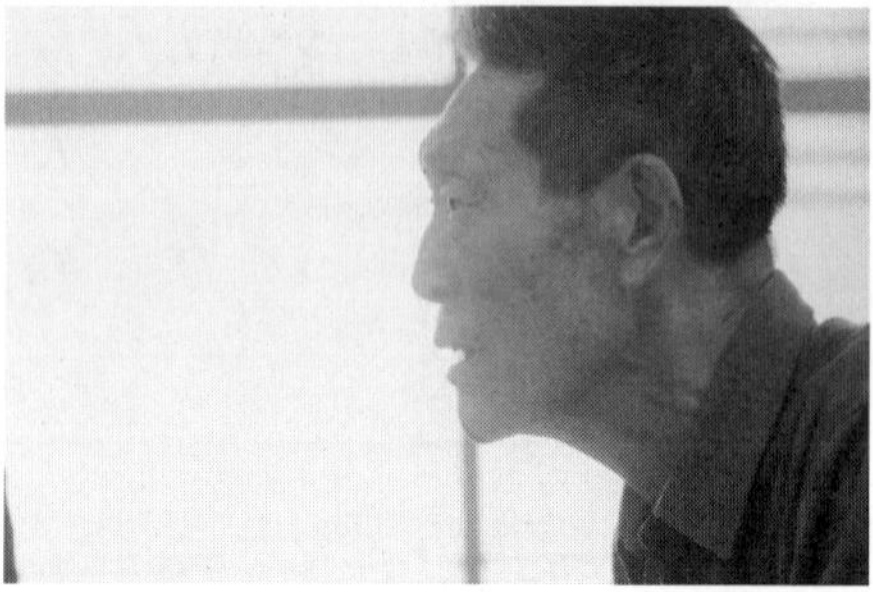

布教所を訪れたという。「一人でも多くの人をお連れしたいという、双方の真剣な思いがぶつかり合い、どちらも一歩も引かなかった。でも、あれほど熱く論じ合えるなんて、二人は強い絆《きずな》で結ばれていたのだろう」と述懐する。

〝臨時放送〟から十五年後の教祖八十年祭の年、初のバス団参が行われた。帰参者数は四十人。翌年も翌々年も、それを上回る四十五人で団参した。九十年祭の年までの十年間で、延べ三百人を超える園の人たちがおぢばへ帰ったのである。

「成田さん夫婦がおぢば帰りの呼びかけに奔走していた姿は、いまもはっきり覚えている。その情熱たるや、ほかの人とは〝次元が違った〟」と、坪田さんは顔を紅潮させながら話す。

その坪田さん自身も帰参者の一人。おぢば帰りをしたとき、こんな出来事が

コラム

一通の手紙から

亡き成田さんが園内放送で、お道の信者たちに呼びかけた背景には、ある教友からの一通の便りが深く関《かか》わっている。

「教祖の教えにつながる我々一同は、たとえいまは病の床に伏すとも、共々に恩返しの道を求め、一生懸命励まし合いましょう」。群馬県「栗生楽泉園《くりうらくせんえん》」の教友から、松丘保養園の天理教信者一同に宛《あ》てたこの手紙が、「みちのとも友会」設立の契機になったという。

折から入院加療中の身だった成田さんは、この手紙を読み、人生の目標を失っていたことを反省するとともに、園内に天理教信者の団体をつくる心定めをしたのである。

あった。神殿での参拝を終え、下足置き場に戻ると、境内掛の人が坪田さんの靴を手に駆け寄ってきた。そして「どうぞ、お履きください」と。

「びっくりした。その人は、私が脱いだ靴を覚えていた。親里にいる人たちの温かい心づかいに、とても感動した」

その後、団参の常連となった坪田さんは「二代真柱様《しんばしら》が私たちのために別所《べっしょ》母屋《もや》を建ててくださったこともありがたくて。あのころの母屋は、大勢の人でにぎわっていたなあ」と懐かしむ。

病床の妻の手を握り

療養所では現在、九人の教友が暮らしているが、入院中の人が少なくない。

翌朝、坪田さんは病院へお見舞いに行った。妻のタヨさん（81歳）が先月、胃の摘出手術を受け、入院していた。病室に入ると、心配顔で妻の手を握った。

昭和二十三年に結婚。子どもはいない。園内で式を挙げた翌日、坪田さんは「断種手術」を受けた。〝ハンセン病は遺伝病〟と考えられていた当時、子どもができないようにと手術を強いられたのである。全国の療養所には、このように筆舌に尽くせぬ苦しみを味わった元患者が大勢いる。

坪田さん夫婦は、園内に神殿が建って以来、半世紀近く日参を続けてきた。しかし、タヨさんは病床の身ゆえに、夫婦そろっておつとめを勤められない。

それが、坪田さんにとって一番つらい。

「社会から隔離された園にいて、信仰しても意味がないと思った日も、正直言ってあった。心を倒すことが多かったから……」と坪田さんは〝胸の痛み〟を

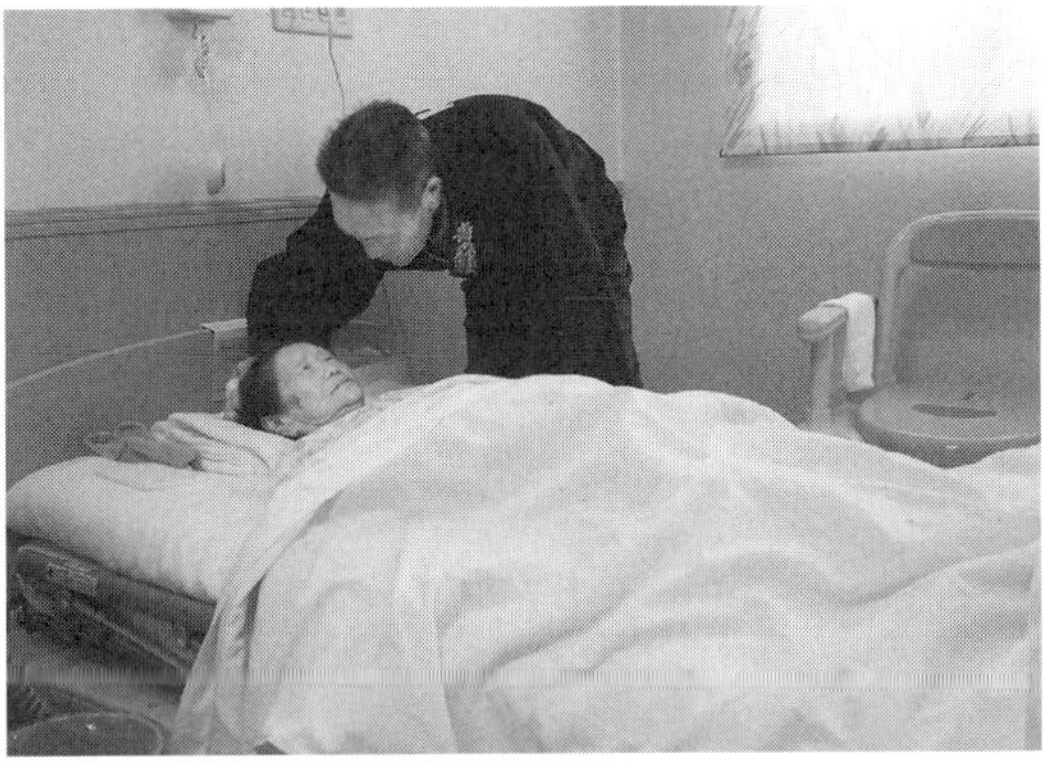

坪田さんは入院中の妻のもとへ、
日に何度も通っている

打ち明ける。それでも六十年以上お道を歩んできたのは、「成田さんのような道の先輩と、妻の支えがあったから」と。

「来月の月次祭は、必ず一緒に参拝するんだからな」。坪田さんは妻の耳もとでこうささやいた。タヨさんは微笑《ほほえ》みながら、小さく何度もうなずいた。

◇

療養所を後にするとき、坪田さんが記者に言った言葉が心に焼きついている。

「いま療養所にいる人は、いずれ一人もいなくなる。けれど、私は出直すその日まで、夫婦そろって、また教友同士力を合わせて、この布教所を守っていく。この療養所で道を伝えてくれた先輩の思いに応《こた》えるためにも……」

坪田さんは雪の降りしきる療養所で、六十七回目の春を迎えようとしている。

(『天理時報』平成19年2月25日号)

ルポ

〃生涯一布教師〃として生きる

東《とう》北《ほく》新《しん》生《せい》園《えん》〈宮城〉

「あしきはらい　たすけたまえ　天理王命《てんりおうのみこと》……」

病院の一室から、神名を唱える声が聞こえてくる。ベッドの傍《かたわ》らに立つ高齢の男性が、「陽気会」と記したハッピを着て、一心におさづけを取り次いでいた。根津義治《ねづよしはる》さん（仮名・82歳）は六十年余り、療養所内の病院でおたすけに励んでいる。

ここはハンセン病療養所の一つ、宮城県登米《とめ》市にある「東北新生園」。病床の男性は、お道を信仰する入園者の集い「天理教陽気会」の会員。前夜、その男性から、陽気会の会長代行である根津さんのもとへ、看護師を通じて、おたすけ依頼の連絡が入ったのだった。

その根津さん自身も、数カ月前に右足を痛め、いまは車いすでの移動を余儀なくされている。一人ではおたすけに行けないので、根津さん担当の介護士が

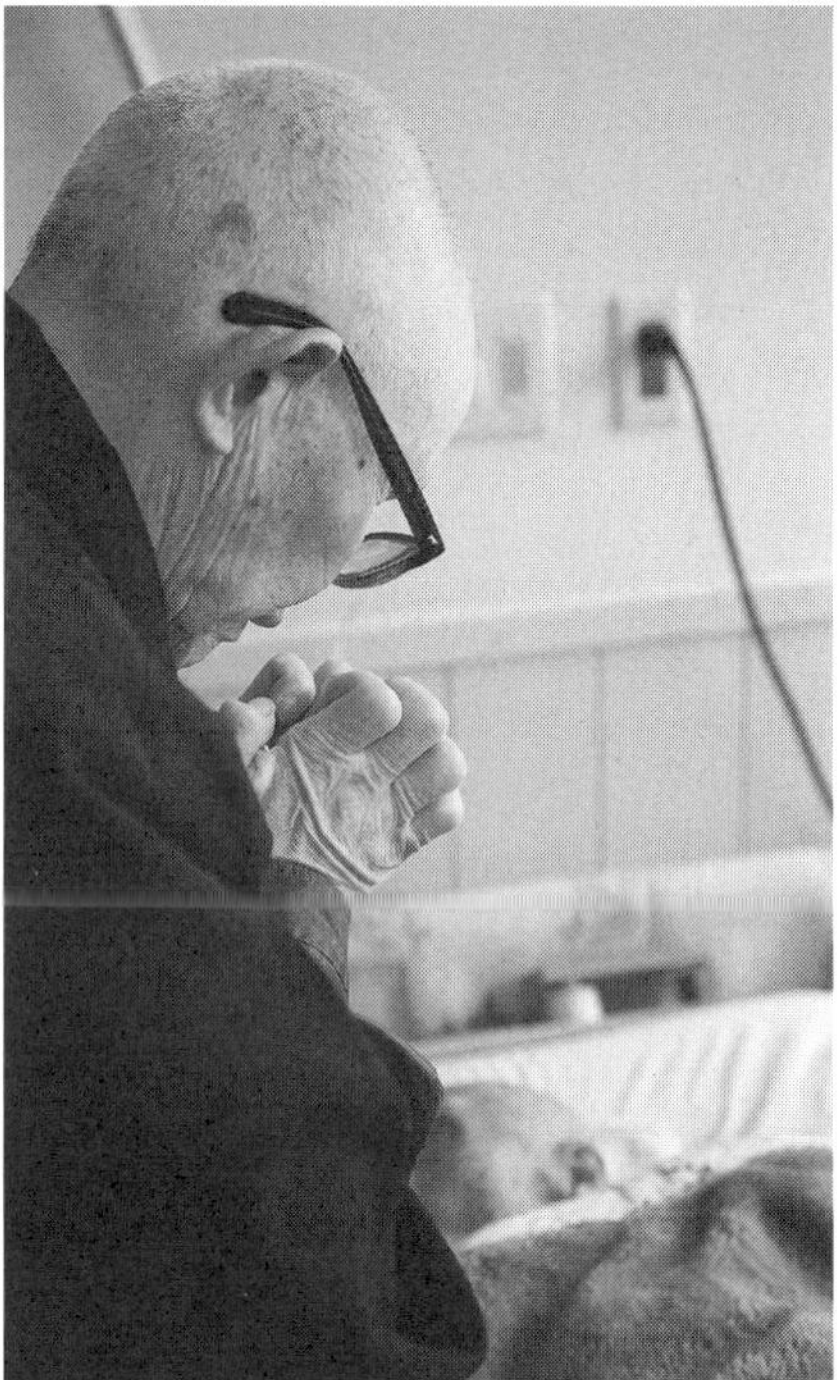

根津さんが療養所内でおさづけを取り次ぐようになって、はや半世紀が経《た》つ

迎えに来るのを、朝から自宅でじっと待っていたという。

病院の玄関を出ると、雪が舞っていた。根津さんは穏やかな表情を浮かべながらも、きっぱりと言った。

「出直すその日まで、おたすけをさせていただきたい。生涯一布教師。それが私の天命」

家族を思うがゆえに

若いころは研究者を夢見た。東北の高等工業学校を卒業後、学校に籍を置いて研究に打ち込んだ。ところが昭和十八年春、健康診断でハンセン病が判明。母校の教師になることが決まった矢先だった。

父は声を震わせ、こう言った。「治療を専門にする療養所に入っても、故郷に戻れるとは限らない。たとえ不治の病であっても、療養所に息子を預けるわけにはいかない」と。

弱冠十八歳。突然襲ってきた厳しい現実にうろたえ、独りボロボロと大粒の涙を流した。

自宅にこもり、悩むこと一カ月。親兄弟に迷惑をかけまいと、療養所に入る決心をした。当時、ハンセン病患者と一緒に住んでいるだけで、家族も差別を受ける時代だったからだ。家族を思うがゆえの苦渋の決断だった。

療養所へ向かう日、自宅の畑を耕してから家族に別れを告げた。畑仕事に追われる母を思ってのことだった。研究者の夢を諦《あきら》めきれず、数十冊の専門書を携えて列車に乗り込んだ。

おふくろの〝遺言〟

母が、父が恋しかった。しかし子を思う親心は、それ以上につらかったことだろうと、根津さんはいまにして思う。

入所して間もなく、母が面会に訪れた。その夜、母は入所者と同じ風呂に浸《つ》かった。

入所者の一人が心配顔で言った。「そんなことをしたら、病気がうつってしまいますよ」。母は毅然《きぜん》として答えた。「息子と同じ病気にかかって死んでも本望です」

帰り際、母は息子の耳もとでささやいた。「義治、絶対に死ぬんじゃない。世間にどんな悪口を言われてもいいから、胸を張って帰ってこい」

「あのおふくろの〝遺言〟は、いまも心に焼きついている。生きるうえでの、心の支えだった」

二十歳の自問自答

園に入って二年が過ぎたころ、二十歳《はたち》で右目の視力を失った。ハンセン病の特効薬プロミンが、まだ日本に入ってきていない時代である。

「あの戦国武将の伊達政宗《だてまさむね》も独眼だった。右目が見えなくても、左目が見えるではないか。たとえ不治の病であろうと、まだ自分にできることは残されているはず。ここで人生を終わらせるわけにはいかない」。そう言い聞かせた。

――自分にできることは何か。自分に残された仕事はあるのか。自分はなんの

宮

ために生まれてきたのか。誰《だれ》が私にこの命を授けたのか。なぜ私は、この病気にかかったのか――。

――この病は〝天刑〟なのか、それとも〝天恵〟なのか。一生治らないのなら、私は〝天恵〟と信じて生きたい――。

毎日そんなことばかり考え、自問自答は堂々巡りとなった。

陽気会の信者と出会ったのは、そのころ。ある男性が「みかぐらうた」の記された紙を差し出して、「一緒に信仰しないか」と誘った。渡された紙を読んで、瞬時に思った。「私の求めていた答えは、これだ!」

涙が出るほど嬉《うれ》しかった。生きる目標を見いだし、心が救われたように思った。これからは、たすけ一条に生きようと誓った。戦後間もない昭和二十年、二十歳の秋だった。数十冊の研究書を実家へ送り返したのは、それから間もないころだった。

「これが私の仕事」

以来六十年余り、常にハッピを身に着け、同じ病気で苦しむ人たちのもとへおたすけに通い続けている。

昭和二十五年におさづけの理を戴《いただ》くまでの五年間は、後遺症に苦しむ人に声を掛けては、おぢばの方角を向いて、ひたすらお願いづとめを勤めた。ようぼくになってからは、たすけ心にいっそう拍車がかかり、一週間の断食や水ごりをとることもたびたび。他宗教の人や園外の人の区別なく、おたすけに励んだ。

八十の坂を越えたいまも、おたすけの炎が消えることはない。数年前に園外へ出たときは、路傍講演に立ち、道行く人に〝生かされている喜び〟を訴えたこともあった。

また、右足を痛めて一人で歩けなくなった昨秋までの十数年間というもの、園で計画した旅行にも参加せず、毎日午前二時に起床。献饌《けんせん》と朝づとめを終えると、六時半にはおたすけのために療養所内の病院へ向かう日を送ってきた。現在は、数人の信者で朝夕のおつとめを勤めている。

左目の視力は〇・〇四。前方はほとんど見えないので、杖《つえ》を頼りにゆっくり歩く。ひのきしんをしていて側溝に落ちたこともあったが、「あのときは抜け出せなくて、さすがに困ったなあ」と笑い飛ばす。

現在も介護士の手を借りて、週に二日は病院へ通う。根津さんのおたすけを待つ人がいるからだ。

コラム

「陽気会」の神殿普請

昭和二十八年の暮れ、園を訪れた橋本正治《はしもとまさはる》本部員が「皆さんの心を寄せて、普請をさせていただくように」と激励。これを受け、翌年の早春、約四百坪の整地を開始した。傾斜のきつい丘陵地で、人力に頼らざるを得ない難工事だった。

陽気会の教友たちは、川村与七《かわむらよしち》・初代会長を芯《しん》に、午前の園内作業を終えると、すぐにひのきしんに掛かった。三十二日間で整地完了。ひのきしんの延べ人数は千二百九十六人に上った。

三十年七月から基礎工事。このとき訪れた、若柳《わかやなぎ》分教会の信者・及川《おいかわ》宏《ひろし》氏が大工の棟梁《とうりょう》を買って出た。男性信者らは瓦葺《かわらふ》きなども行い、十一月十三日に神殿落成奉告祭を執行。

これ以後の屋根の葺き替え、客間の増改築等も、陽気会の教友の真実で行われた。

「これまでに鮮やかなご守護を数々お見せいただいた。神様はいらっしゃる」と根津さんは断言する。

付き添いの看護師は、根津さんについてこう話す。「病院に限らず、どこへでも必ずハッピを着て出かけられる。園内で根津さんの〝トレードマーク〟を知らない人はいないない。それにしても、少しは体を休めていただかないと……」

それを聞いた根津さんは、ひと言「ありがとう」と。そして「ハッピとともに歩んで六十年。これが私の仕事ですから」と、にっこり笑った。

生きてきた証し

午後、陽気会の参拝場で、根津さんと数人の教友の方々に話を伺った。

「普請に心を寄せた日々は、いまも忘れない」と誰もが口をそろえる。

その普請とは、昭和三十年に落成した神殿建築。当時、信者のほとんどは二十代半ばの若者だった。

Kさん（81歳）は言う。

「園に来て、生きる目的を見失っていたけれど、普請に掛かると聞いて力がみなぎった。スコップで土を掘る者、もっこを担ぐ者……。毎日お互いに声を掛け合って汗を流した。目の不自由な者も、義足をつけた者も、たすけ合ってひのきしんに精を出したなあ」

落成奉告祭の翌年、昭和三十一年十二月、Kさんは真新しい参拝場で結婚式を挙げた。「嬉しかったねえ。大勢の方に祝っていただいて」と、遠くを見るように顔を上げた。その傍《かたわ》らで、両目の見えない夫人が微笑《ほほえ》む。

陽気会の教友が力を合わせて建てた神殿は、
生きてきた証しそのもの

根津さんは神殿普請が始まった当時二十九歳。「左目だけを頼りに、毎日普請に汗を流したことは、私にとって大切な思い出。この神殿には、陽気会の信者一人ひとりの真実がこもっている。私たちが、ここで生きてきた証しと言ってもいい」

自宅への帰り道、車いすの根津さんを冬の夕日が赤く照らした。

（『天理時報』平成19年2月18日号）

ルポ

母と妻に支えられ通りきた道

栗《くり》生《う》楽《らく》泉《せん》園《えん》〈群馬〉

群馬県草津町《くさつ》。上州《じょうしゅう》名物の強風が、粉雪交じりに吹いていた。栗生楽泉園内の「楽泉園布教所」。三月月次祭当日、参拝場に置かれたストーブの前で、布教所長の丸山多嘉男《まるやまたかお》さん（80歳）が暖をとっていた。

昭和六十三年、園の教友の集い「天理教あけぼの会」が「楽泉園布教所」となり、丸山さんは推されて布教所長に就いた。

現在、園内の教友は十人。その昔は月次祭になると、布教所は参拝者であふれ返ったという。「いまは減る一方だからね」と、ぽつりとつぶやいた。

信心深い母のもとで

丸山さんは昭和二年、長野県飯田《いいだ》市に生まれた。家は貧しかったが、聡明《そうめい》な

楽泉園布教所の月次祭には、所属の上野前橋《こうづけまえばし》分教会から会長家族もやって来る。教会の子どもたちと一緒に鳴物をつとめる丸山さん

父親、優しい母親のもとで心豊かに育った。

「母は、昔でいう〝物もらい〟の人をよく家に泊めていた。家族の食事を分けてでもね。それに和裁もうまくて、若い娘さんがよく習いに来ていた。だけど、絶対にお金を頂かないんだ」

そうした行いは、母親の信心深さからくるものだったと丸山さんは想像する。実際、母親はいろいろな宗教の祈り方を知っていた。その中には、天理教のおつとめもあったという。

「母の妹がハンセン病で、あらゆる神仏にすがりたい気持ちだったのだろう」

そのハンセン病に息子がかかるとは、思いもよらなかったに違いない。

丸山さんが十四歳のころ、右腕が急に動かなくなった。数え十七歳で徴兵検査を受けたとき、「来《きた》る本土決戦では弾除《たまよ》けに使ってやるから、そのつもりでいろ」とハネられた。「兵隊にも行けない、情けない男なのか」と自暴自棄になり、いっそ死のうと山へ向かった。しかし、息子のただならぬ様子を察した母親に連れ戻された。

「自殺未遂を三度繰り返すうち、死ぬのは簡単なことじゃない、息子が死ねば母は苦しむんだと、つくづく分かった」

そう言って、丸山さんは遠くを見るような目をした。

入信の動機は「妻のため」

丸山さんが医者の勧めで栗生楽泉園の門をくぐったのは、いまから五十八年前の昭和二十四年十一月。「療養所の正門の看板を見て初めて『俺《おれ》はらい病だったのか』と気づいた」。右腕が動かないのも、ハンセン病によるものだと知った。

そのころ、第二次「無らい県運動」が全国的に始まった（コラム①参照）。丸山さんをはじめ県内のハンセン病患者八人が楽泉園に入れられたことが、ある新聞の地方版に掲載された。

丸山さんの手元には、当時の新聞のコピーがある。「ライ患者一掃」の見出しに、十行の短い記事。「一掃」という二文字に「これじゃ、ごみと一緒じゃないか」と怒りをあらわにした。

それでも「最近は気が長くなったなあ」と苦笑する。若いころは短気な性格で、昭和二十七年に八歳年下の房子《ふさこ》さんと園内で結婚してからも、「カミさんに対する言葉づかいが、つい乱暴になることがあって。これではいけないと悟

コラム①

無らい県運動

各都道府県がハンセン病患者を強制的に療養所へ隔離した運動。昭和四年、愛知県での民間運動が発端となり、やがて全国運動となった。

また、戦後に起こった第二次運動は二十四年、当時の厚生省が発令したとされる。

この運動で、世間に「ハンセン病は恐ろしい病気」という誤った認識が広がり、結果として、偏見や差別を助長した。それは患者本人のみならず、その家族や親族にまで及んだ。

った」という。

妻のためにも、その性格を直そうと、天理教に入信したのは翌二十八年。「あけぼの会」に入って、いっそう信仰を求めた。四十四年におさづけの理を拝戴《はいたい》。修養科、教会長資格検定講習会も了《お》えた。

夫が自らを変えようとする姿を見て、房子さんもお道に入った。

「カミさんはキリスト教の信者だったが、『夫婦で宗教が違ってはいけない』と自ら入信してくれたんだ」

のちに、昭和四十八年から二十年以上にわたって続いた園のバス団参でも、房子さんは、世話役として奔走する夫を陰から支えた。

こうして丸山さんは妻を「カミさん」と呼び、房子さんは夫を「丸さん」と呼び合う仲の良い夫婦になった。「カミさんがいたから自分がいる。それは、

コラム②

園の〝道明け〟

栗生楽泉園の〝道明け〟は昭和十一年、布教師であった吉川伍作《よしかわごさく》氏が入所したことに始まる。

ほうきと草かき、カマを携えた吉川氏は、「ひのきしん」と「根に肥やし」を信条として、園内の清掃に日々いそしんだ。のちに両足が義足になっても、変わることなくひのきしんを続け、その姿は入所者だけでなく、当時の園長や職員にも称賛されたという。

また、信者も日を追うごとに増え、昭和十七年には中山正善《なかやましょうぜん》・二代真柱《しんばしら》様の親心を頂き、園内に単独の参拝施設の落成を見た。

吉川氏は昭和二十四年、「天理教あけぼの会」の初代会長に就任。同三十五年、七十一歳で出直した。

いまも楽泉園布教所の参拝場には、吉川氏の肖像画が飾られている。

お道のおかげだと思っている」と。

生涯かけて忘れず

月次祭に続いて行われた春季霊祭。霊様《みたま》の前で、丸山さんは深々とぬかずいた。そこには、いまは亡き園の教友たちとともに、愛妻の房子さんの霊も祀《まつ》られている。

房子さんが出直したのは平成十四年十二月十二日。肝臓がんだった。

「見つかったときはすでに末期。一度は手術を受けたが、手遅れだった。亡くなる前、救急車で別の病院へ運ぼうとしたら、途中でこと切れるかもしれないと医者に言われた。でも、カミさんは『治って皆さんにお礼が言いたいから、病院へ行く』って聞かないんだよ」

「最期まで生きることを諦《あきら》めなかった。一週間ばかり入院したが、『楽泉園で育ったから、終わりも楽泉園で』とカミさんを連れて帰り、園内の病院に移したんだ」

その夜、呼び出しを受けた丸山さんは病室に駆けつけた。すでに房子さんの心臓は止まっていた。「カミさんの名前を呼んだら、その声に反応して、いったんは心電計が動きだしたんだ！」。しかし、再び動くことはなかった。

連れ添って五十年。房子さんの遺骨は、園内の納骨堂と丸山さんの実家の墓に分けて葬られた。「人は、三年も経《た》てば亡くなった妻のことを忘れると言うが、俺は違う。生涯かけてカミさんのことは忘れないし、忘れちゃいけないと思っている。いまも折にふれて、ああしてくれたなあ、こうしてくれたなあと

信心深く優しい母。道の信仰を共に歩んだ最愛の妻。二人の思い出は、いまも丸山さんの心に生きている

思い出す」

つれ合いが亡くなっても、心は生涯添い遂げたいと、丸山さんは話す。

足遠のき、また運び

「カミさんが出直してから、落ち込んじゃって。まったく勇めなかった」

いつしか布教所、そしておぢばへの足も遠のいた。「自分の気持ちが落ち着くまでは」と思いながらも、四年が過ぎようとしていた。

そんな丸山さんだったが、昨年十月の秋季大祭には、久しぶりにおぢばへ帰った。きっかけは、丸山さんを実の父親のように慕う鹿野真由美《かのまゆみ》さん（25歳）が、「天理に行ってみたい」と言いだしたからだ。

「鹿野さんとは、四年前にハンセン病の講演会に来てくれたのが縁で知り合いになってね。本当に自分の娘みたいで。うちに遊びに来ると、カミさんの写真に『お母さん、ただいま』って手を合わせてくれるんだ」

二人で本部の朝夕のおつとめに参拝した。「すると、見よう見まねで手を振るんだ。初めておぢば帰りをした子がね」。その姿に、かつての妻の姿が重なって見えた。そして、忘れかけていた大切なことを思い出した。

昨年の暮れから、丸山さんは再び布教所へ足を運ぶようになった。

◇

一昨年の暮れ、自身が膀胱《ぼうこう》がんであることが分かった。「あまり深刻に考えていないんだよ。なるようにしかならない」と、あっけらかんと笑う。

丸山さんはいま、これまでの歩みを綴《つづ》っている。題は「晩秋の残り香」。二十二歳の晩秋に故郷を出た日の思い。その〝残り香〟を、半世紀を超える歳月が経ったいま、あらためて思い出しながらペンを走らせ、時には講演会の壇上でも語る。

そのとき、丸山さんは自身がハンセン病になったことについて、こう話すという。

「それは神様のなさったことだから。神様がそういうふうに取り計らってくださったのだから。病気になったのはやむを得ないことだけど、神様のお恵みを頂いて今日があるし、自分がいる」と。

（『天理時報』平成19年3月25日号）

証言

〝隔絶の島〟から故郷ぢばを思う

高《たか》橋《はし》 勤《つとむ》（84歳）
大島青松園《おおしませいしょうえん》（香川）

私は、戦争が終わって間もないころにね、親神様から大きな節を頂戴《ちょうだい》したんですよ。

自分では気づかなかったけれど、村の人たちから「少し体の具合がおかしいんじゃないか?」と言われましてね。どこがおかしいのか分からないので、近くの町医者(現・開業医)で診察してもらったんです。でも、お医者さんは口をつぐむばかりで、病名については何も教えてくれない。

おかしいと思うでしょ。診察してもらっているのに、何も言わないんですから。そんなお医者さんの反応から、ふと、あることが頭をかすめたんです。

「もしかして、らい病(ハンセン病)なんじゃないか……」

当時、ハンセン病の疑いがあっても、町医者じゃ、そのことを簡単に口にできない時代だったんです。ハンセン病であることが周りの人たちに知られたら、みんな飛び跳《は》ねるようにして逃げていきましたからね。お医者さんも、そうなるのを十分に分かっていたでしょうし、きっと告知するのを慎重になっていたんだと思います。

実はね、私の兄も同じ病気を患っていて、先に大島青松園に隔離されていたんです。たしかに、私の症状も兄と似ているところがあって。それはもう、病気のことを考えると怖くて怖くて。しばらくして、ハンセン病の専門病院へ検査を受けに行ったんですが、足の指に針を当てられても痛みを感じない。これはハンセン病に見られる症状の一つですが、私の場合、右足の人差し指がマヒしていたんです。

ガクガクと体が震える思いでした。忘れもしません。昭和二十七年の春、二十九歳のときです。

コラム①

大島青松園

大島に療養所が設立されたのは、明治四十二年（一九〇九年）四月一日。全国にある療養所の中でも、最も古い時期に建設された施設の一つである。

当時、大島のある庵治《あじ》村はもとより、高松市も香川県も療養所設立への反対運動を展開していたといわれている。

このとき、全国を五区に分けて、五カ所の療養所が生まれた。同園は四国と中国（鳥取県を除く）八県で「第四区療養所」と称され、香川県知事の管理する所として発足した。当時、病床は二百床。

昭和十六年（一九四一年）七月、大島療養所は厚生省（当時）へ移管、国立らい療養所大島青松園と改称され、病床は六百五十床にまで膨《ふく》れ上がった。二十一年十一月

に「国立療養所大島青松園」と改称され、現在に至っている。
島全体が療養所となっているこの大島は、高松港の北東約八キロに位置する。四国本土との最短距離は約一キロ、面積は六十一ヘクタール（十八万五千坪）。
島の西側には桃太郎伝説の鬼ケ《おにが》島《しま》（女木島《めぎじま》）があり、南には源平の古戦場・屋島《やしま》、北東には『二十四の瞳』で名高い小豆島《しょうどしま》が一望できる。

たすかりたい一心で単独布教へ

ハンセン病と分かってからというもの、誰《だれ》にも知られてはならんと、周囲の目を逃《のが》れるような生活を送らざるを得ませんでした。あの時代は、この病気に対する差別や偏見が想像を絶するほどひどいものでしたからね。そんなとき、所属教会の会長さんが優しく声を掛けてくださったんです。

「おまえの兄貴は療養所に入って十年も経《た》つけど、一向に良くなって帰って来《き》やん。勤さんよ、もっと信仰に力を入れたらどうや?」と。

私の実家は両親ともに信仰熱心でしたが、私はというと、毎日おつとめを勤めているくらいで、教理を勉強しようとか、にをいがけに出させてもらおうとかといった気持ちはありませんでした。

でもね、とにかくこの病気をたすけてもらいたい一心で、会長さんの言葉通り、信仰を深めさせてもらわなあかんと思ったわけですよ。そして、修養科へ入ることを決めたんです。

第百二十期生として、一日一日を真面目《まじめ》に、一生懸命にお道の勉強をさせてもらいました。でもね、修養生活を了《お》えても、一向に症状が良くなる気配はない。「この病気はたすからないんか、それとも私の真実が足りないんか」。そんなことばかり考えて、食事も喉《のど》を越さない日が続いたんです。

そんな私の姿を見たんでしょうか、会長さんがこう言うんです。

「にをいがけ・おたすけに専念せにゃいかんで」

修養科では、単独布教に出て重い身上《みじょう》をご守護いただいたという話を多くの人から聞いていましてね、これしかたすかる道はない」と思いました。「よし、これしかたすかる道はない」と思いましてね、すぐ行動に移すことにしたんです。

当時、特効薬のプロミンが開発されたと聞いていましたが、島にいる兄はその薬を飲んでも故郷に戻れない状況が続いていたし、神様に一縷《いちる》の望みを託す、そんな心境でした。

それから九カ月くらいだったでしょうか、岐阜教務支庁の近くにあった布教所でお世話になりました。

「布教師たる者、心一つとハッピが財産だ」という、そんなプライドを持っていましたね。たしか、修養科でいろいろな方からそういう話を聞いたからだと思いますが、ハッピ以外は何も持たずに単独布教に出たんです。もちろん、所持金も一切なしです。住まいはといえば、布教所の敷地に畳一枚分の庭があって、近くの市場でむしろを拾ってきて、それを庭に敷いて過ごした。やっぱりね、それくらいの苦労を神様にお供えしないと、この病気はたすからんと思ったんですよ。

なにせ着替えも持っていませんから、何日かに一度は、長良川《ながらがわ》へ洗濯に行ってね。冬の寒い時季など、洗濯物をギューッと絞ると手が痛くなりましたよ。そういう生活は覚悟していたし、どんな中も感謝して通らせてもらおうと思っていましたが、やっぱり、つい人間心が出てしまうんですね。「こんな病気になっていなかったら、こんな苦労をすることもなかったのに」という考えが、いつも頭の片隅にあったように思います。

単独布教に出たというと、すごく信仰熱心だったように思われるかもしれませんが、自分がたすかりたい一心だったし、きれいごとでは、とても語り尽くせない複雑な思いがありましたよ。

そうは言っても、毎日毎日、戸別訪問に回らせていただいたことは確かです。

「ごめんください。私、天理教の者ですが」

この言葉を何度口にしたことでしょう。粘り強く歩き始めて半年が経ったころだと思いますが、ようやくおたすけ先が与わりました。いまもはっきり覚えていますが、五十代の女性でした。

――ああ、これで人だすけができる。「人たすけたら我が身たすかる」というんだから、私も教祖《おやさま》にたすけていただけるかもしれない――

そんな思いで、おさづけの取り次ぎに通わせていただきました。それはもう、勇みましてね。若さと勢いがあったから、あんなに頑張れたんだと思います。出せる誠真実をすべて出し尽くして、〝天命を待つ〟という心境でした。

いまでも懐かしく思い出しますが、ガタガタと震えるようなある寒い夜にね、

園の高台にある広場「風の舞」。ここから望郷の思いを募らせた入所者は少なくない

近くの井戸端で水をかぶって、女性の家の前でひたすら祈願したこともあった。でも、女性の症状は一向に良くならないんです。そんなある日、女性が出直したことを知りました。たすけることができなかったことへの申し訳なさと、これからどうすればいいのだろうという気持ちで、心にぽっかり穴が開いたような感じになりました。

それから数日後のことです。肩を落として落ち込んでいるところに、さらに追い打ちをかけて、最も恐れていたことが起こったんです。

「ひょっとしたら、近くにらい病の人がいるんじゃないか」というような噂《うわさ》を耳にしました。誰かが告げ口したんでしょうね。県の予防課か福祉課の職員だったか、はっきりとは覚えていませんが、三人くらいの人たちが布教所にやって来て、「らい病の人がおるやろ？　ほかの人に伝染してしまうかもしれん。

いますぐ連れてきてほしい」などと、ぶっきらぼうに言うんですよ。これが、療養所へ隔離しようとする〝入所勧奨〟です。

こうして、実家にいる妻と二人の息子に別れを告げて、大島へ単身、渡らざるを得なくなりました。そのときのつらさといったら、いまでも思い出したくないですね。

「共に道を求める仲間がいる」

大島へ渡る手段は、船しかありません。そのとき、私を含めて何人かが〝移送〟されることになりましてね。どんな所へ連れていかれるのだろうと不安な気持ちで席に座ると、船員の一人から「そこは、あんたの座るとこやない！」

と罵声《ばせい》を浴びせられたことを覚えています。

ハンセン病の患者たちは、一般乗員が座る席とは違う、隔離された場所に座らされたんです。そのことに憤《いきどお》りを覚えるというより、「これから、どんなひどい仕打ちを受けることになるんだろう……」という恐怖心のほうが強かったですね。

島に着いたら、とても受けとめきれない現実がそこにありました。自分より

コラム②

若き布教師、島へ渡る

参拝場の壁に一人の布教師の写真が掲げられている。その名は木村留吉《きむらとめきち》。八栗《やぐり》宣教所（現・高松大教会部属八栗分教会）の初代所長である。

大正十三年（一九二四年）、若き

木村所長は、大島青松園内の薬局に勤める信者の案内で、初めてこの島へ渡った。当時はまだハンセン病の特効薬プロミンは開発されておらず、患者棟の周囲には有刺鉄線が三重に張り巡らされ、職員らは感染を恐れて出入りするたびに必ず体を消毒していた。そのような状況下での木村氏のわが身を賭した行いは、人々の想像を絶するものであったであろう。

以来、木村氏は強い同情と情熱をもって、島でのにをいがけ・おたすけに当たり、翌年六月十八日には園の会堂に神様をお祀《まつ》りした。併せて同日、信者たちはこの集いを「天理教寄進会」と命名した。

なお、木村氏は戦後、当時の厚生大臣から救「らい」の功労者として表彰状を授与された。

もはるかに症状の重い人たちが大勢いたんです。一見してハンセン病だと分かる人を見て、自分も同じ病を患っているんだと、あらためて厳しい現実を突きつけられた思いでした。「病状が進むと、いずれはこんなふうになってしまうんだろうか。怖い、死ぬより怖い」と体が震えました。何よりも、そう考えてしまう自分自身が許せませんでしたね。

この療養所に天理教の教会（寄進会）があることを知ったのは、私に与えられた住まいが教会の近くにあったからです。教会があると分かったときは、もう嬉《うれ》しくてねえ。すぐに飛んでいきました。そこには、明るく勇んでひのきしんに励んでいる信者の方々の姿がありました。

一人じゃないんだ。共に信仰を求める仲間がいるんだと思うと、本当に心が救われましたよ。それからというもの、朝夕の参拝はもちろん、草むしりやトイレ掃除など、率先してひのきしんをさせていただきました。

お道につながっている人は、たしか五十数人だったと思います。私も仲間と励まし合いながら療養所生活をスタートさせました。ほぼ毎日、自分よりも重い症状に苦しんでいる患者さんのところへ行って、おさづけを取り次がせてもらいました。

それまで、単独布教師としてにをいがけ・おたすけに励んでいたし、ここに来ても、その気持ちだけは持ち続けようと思っていましたからね。なにせ、もう五十数年も昔のことですから、名前はちょっと思い出せませんが、取り次ぎに通わせていただいた方は何人もいました。

人たすけたら我が身たすかる。そう信じて、もっぱら人だすけに励みましたよ。そうこうするうちに、最初の三年はあっという間に過ぎていきました。

そんな中で特に印象に残っているのは、島へ来て最初のころ、とてもかわいがってくださった方のことですね。寄進会で知り合った、背中の曲がった小柄なおばあちゃんです。「若いから、おなかがすくでしょう」と言ってね、配給された食事やお菓子をいつも残しておいてくれるんです。やっぱり、天理教の信者の方は、普通の人とはひと味もふた味も違うなあと思いましたよ。あの方の真心は、いまも忘れることができません。

忘れられないと言えば、何を置いても寄進会の神殿普請（80ページ・コラム③参照）ですね。私が療養所に隔離されたのが昭和二十七年ですから、その八年後の昭和三十五年に普請に取りかかることになりまして。みんな若いし、張りきって、それは楽しかったですよ。

病気を患ってはいたけれど、ひのきしんに精いっぱい体を使わせていただくことができました。この普請を通して、神様から素晴らしい体をお借りしているんだ、ありがたいなあと思ったものです。

島に来る前は、布教所の庭の隅に寝たり、屋外の地面に座っておつとめを勤めたりしていたんですが、療養所に隔離されてからは、みんなと一緒にご飯を食べたり、風呂に入ったりする。自分だけが土間で寝たり、外で暮らしたりするなんて許されません。

そんなこともあって、島に来て、ある意味でようやく〝普通の生活〟を送れるようになったのかもしれません。いまでこそ、ハンセン病に対する差別や偏見は薄らぎつつありますが、あの時代はハンセン病の患者だと分かると、極端に言えば人間とは見なされず、牛や馬と同じような扱い方をされたものです。本当にひどい話です。

コラム③

神殿普請までの道のり

大島青松園では、大正三年（一九一四年）一月三十一日に入所した川之江《かわのえ》部属の筒井甚太郎《つついじんたろう》氏が、記録に残る初めての信者である。

当時の信者は、ほかに塩田《しおた》、平岡《ひらおか》の両氏がいたが、この二人は出直し、筒井氏のみが残った。その後、五、六人の信者が入所し、患者寮の一室を借りて朝夕のおつとめを勤めていた。そこは共同部屋であったため、都合が悪いときは東や西の海岸や、納骨堂の下の大岩のそばでおつとめを勤めたこともあったという。

その後、大正十三年に木村留吉氏がおたすけを始め、翌年に天理教寄進会が誕生（74ページ・コラム②参照）。これを機に、人々の信仰に拍車が掛かった。

昭和五年（一九三〇年）、信者たちは、行事のたびにお社を移動させね

ばならないことを憂い、病棟から敷地を分譲してもらい地鎮祭を執行。そこに二間と五間の平屋建てトタン葺《ぶ》きで、天井もないバラックの教堂を建てた。当時、信者は約二十人。
　時は流れ、昭和三十五年、香川教区役員会議の席上、北嶋正邦《きたじままさくに》・高松分教会五代会長が寄進会の神殿建築を提案。園の人々によるひのきしんと、教会本部と香川教区の協力によって、大島の信者たちの信仰の拠《よ》り所《どころ》が建ち上がった（写真）。

でもね、自分自身では「生きている」ということに誇りを持っていましたよ。それは、人をたすけるお道の信仰者として、教祖の道具衆としての誇りです。ここまで私が歩んでこられたのは、そんな信仰心に支えられてきた部分がかなり大きい。これは間違いないですね。

いまではもったいないことに、寄進会の会長を務めさせていただいています。就任したのは、昭和五十五年一月のことです。入所前に単独布教をしていたという理由で、会長に就かせてもらった次第なんですが。長年、一生懸命に〝神様の御用〟と思ってつとめさせてもらったおかげで、信仰の喜びを実感することができました。できることなら、命尽きるその日まで御用をつとめさせていただきたい。いま、そんな気持ちで毎日を送っています。

信仰抜きには語れない半生

二十九歳のとき、ハンセン病をたすけていただきたいと思って単独布教に出ましたが、当時の国策ゆえに、療養所に隔離される生活を送ることになってしまいました。まだ若かったですし、「きっとそのうち、ここから出られるようになる」という気持ちでした。というのも、「ここから早く出て布教したい」と思っていましたからね。

でも、それは叶《かな》わない夢だということも、だんだんと分かってきて。つらかったですよ。いまでも思うのは、もしかしたら、あのとき岐阜でもっと果敢《かかん》に単独布教に励んでいれば、じわりじわりと悪くなることはなかったのかもしれないと。ほかにも「ああすれば良かったかもしれない」などと、いろいろなことを考えましたよ。

振り返ってみると、三年が五年、五年が十年と、島にいる時間だけが過ぎていきました。いまではもう、八十四歳になります。たしかに家族と引き裂かれるような思いや、さまざまな屈辱を味わってきましたが、私の人生、嬉しいことや、ありがたいなあと思ったこともたくさんあるんですよ。この島に来て半世紀以上になりますが、特に、天理教療養所布教協議会委員長を務めてくださっている、高松大教会の北嶋眞二郎《きたじましんじろう》先生をはじめ、天理教の方々には大変お世話になったと感謝しています。

高松大教会へは、高松港から近いこともあって、いつのころからか、月次祭や教会行事のときは、一時帰省に必要な「外出許可」を取って必ず行かせていただくようにしていました。

また、平成八年に「らい予防法」が撤廃されてから、ひざの身上で香川医科大学附属病院（現・香川大学医学部附属病院）に入院したときには、香川大教会の会長さんや、高松大教会の奥さんもおたすけに通ってくださいました。ありがたいことです。

いまでも高松大教会の会長さんや青年さんが、寄進会の月次祭に参拝に来てくださいます。それに、香川教区の小豆《しょうず》、高松西、高松東など七つの支部の会長さんたちが、一カ月交代の当番制でお越しくださる。しかも、奥さんや所属の青年さんたちを連れておいでになるので、大勢の方が集まるでしょ。月次祭の参拝者は、療養所にいる人だけでは少ないのですが、そうした皆さんの真実が集まって、にぎやかに勤めさせていただいているんです。おつとめが陽気に勤められる、これが一番ありがたいことですね。

私がここに来た時分は、寄進会の月次祭に大勢の方が集まりましたが、いまは入所者の数が年々減って、ようぼく数も少なくなってきているので、一人でも多くの方に来てもらいたいと、巡教に来られる先生方にお願いしているところなんですよ。ちなみに、私が入所したときに六百五十人いた入所者は、現在、百四十四人になってしまいました。本当に寂しいことです。

私自身も歳《とし》を取って、この三年くらいは急にひざが悪くなりまして。左のひざは手術してもらって治ったけれど、右のひざが悪いままなんです。けどね、歳が歳だから、あとどれくらい生きられるかと考えると、島の外にある大きな病院で手術を受けて、一カ月や二カ月くらい歩けなくても辛抱《しんぼう》しようという気力が湧《わ》いてこないんです。それよりも、一回でも多くおぢばへ帰らせてもらえたらという気持ちが強いんです。

〝生かされている〟思いをおつとめに込める。手前から２人目が高橋さん

私という人間は、天理教の信仰抜きには語れない。自分の半生を振り返って、つくづくそう思います。

〝故郷〟があるのは何よりありがたい

この歳になって、何より嬉しいのは、本部の月次祭に参拝できることです。朝八時の船で行くからと、私から療養所の当直の人にお願いをすれば、土曜でも日曜でも八時十分前には通院車で家まで迎えに来てくれますし、船に乗って高松港で降りると、高松大教会の青年さんが待っていてくれます。明石大橋《あかしおおはし》を渡って、途中で少し早いお昼ご飯を食べて、ハッピを着てからおぢばへ向かいます。

昔は明石大橋はありませんでしたから、まず高松へ出て、高松からフェリーで岡山へ渡り、岡山から京都へ、京都から天理行きの電車で帰らせていただきました。時間はかかりましたが、それはそれで長旅の楽しさがありました。そして、おぢばに着いたら、真っ先に神殿、教祖殿、祖霊殿にお参りさせていただきます。

かんろだいの前にぬかずくと、心が晴れ晴れしますね。そのときはやっぱり、「ハンセン病という大きな身上を頂きましたが、笑って過ごせた日もありました。ありがとうございます」という言葉が、自然と出てくるんです。

おぢばへは多い年で四回、少ない年でも教祖誕生祭と秋季大祭の二回は帰らせていただいています。かれこれ数えろと、百回以上になるんじゃないですか。

私は写真が好きで、行った先々で風景などをカメラに収めるんですが、おぢばの写真は数えきれないほどあります。すでに故郷を失った身ですが、私にはおぢばがある。帰る故郷があることに感謝、感謝です。

道一筋の精神で人生の最後まで

かつての療養所は、療養所ごとにいろいろな面で差があって、大島へ来られたということに大変感慨深いものがありますね。

療養所では何不自由なく暮らすことができますし、雨降りのときなど、どこかへ行きたいと思えば、自宅まで迎えに来てくれるし、職員の方々があれもこれもと世話取りをしてくれます。それに、私の大好きなおぢばへも、多くの人の手助けを受けて、この年になっても帰らせていただける。自分一人の暮らしについては、本当に満足しています。

ただ、こんなことは口にすべきではないかもしれませんが、この歳になって、少し先を案じるようになりました。

それは、寄進会の会長の後を継ぐ者をどうするかということです。私が出直してしまったら、その後の寄進会はどうなってしまうのだろうと。いまも数人の信者さんがつながっているけれど、信仰熱心でも、さまざまな事情から別席を運んでいない方もおられます。もしかすると、会長を務める方がいなくなるのではないかと、そんな不安に駆られるんです。いやいや、そんなことはない。親神様が必ず良きようにお計らいくださると、私は信じています。

いま、しみじみ思うんですが、このお道を通ってきて本当に良かったなあと。ハンセン病を発症して、この大節を通して修養科へ、そして単独布教へと、私なりにお道を歩ませていただきました。道一筋の精神を生涯持ち続けて、人生最後の最後まで、一信仰者として生きていきたいと思っています。

ルポ

生かされている間は懸命に生きる

多磨全生園《たまぜんしょうえん》〈東京〉

二月の東京は春を思わせる陽気に包まれた。約三万本の木々が植えられている多磨全生園。治療棟前の梅の木も、例年より半月早く花をつけた。

園内にある住宅の一室。北高《きたたかし》さん（74歳・東磐《とうばん》分教会ようぼく）は、二月の講社祭の準備にかかっていた。

ふいに電話が鳴った。園内の教友からだった。「うん、ああ分かった。大事にしろよ」。そう言って受話器を置いた。体調不良から、講社祭に参拝できないという連絡だった。

心の闇に差す一条の光

北さんがハンセン病を患ったのは昭和二十四年、十七歳のときだった。

「村の青年団のリレーの練習中、コーチから『おまえ、呼吸の仕方がおかしいから、病院で診てもらえ』と。三カ所目に行った大学病院で『らい（ハンセン病）』と告げられた」

そのころ、ハンセン病の特効薬プロミンが国内でも手に入るようになっていた。北さんが大学病院へ週三回、治療に通い始めて間もなく、遠い親戚《しんせき》の紹介で、医療経験者に薬を投与してもらうことになった。

その親戚が、実は天理教の信者だった。そしてその人から、北さんの祖父がお道の熱心な信者だったと聞かされた。自宅の倉庫を探すと、「みかぐらうた」本や神具などが出てきた。

「もう、びっくりしてね。『おまえさんには導かれる縁があったんだ。親神様にご恩返しをしなきゃ』って、その人に言われてね」

治療開始から二年目。プロミンは劇的な効果を表し、大学病院の検査で「無菌」と診断された。「なんだ、治る病気じゃないか」と、北さんはぷっつり治療をやめた。

「治った」とはいえ、ハンセン病に対する社会の偏見は、あからさまな差別となって北さんに容赦なく襲いかかった。

「勤めていた工場はクビ。一番上の兄の子は、学校の友達が遊びに来てくれなくなった。すぐ上の兄は『聞き合わせ（身元調べ）』で結婚を断られたし、結納まで済んでいた、いとこも破談になった」

周囲からも冷たい目で見られるようになった。「こちらが何か悪いことをしたわけでもないのに。『俺《おれ》、どうすりゃいいんだ』と」。こういうときにかばってくれるであろう母親は、すでに出直していた。

講社祭のてをどりまなびでは、北さんが地方《じかた》をつとめた

八方ふさがりで暗胆《あんたん》たる思いになった。そのとき、北さんの心に天から差した一条の光は、やはり、お道の教えだった。

「この道しかない」と、発病から三年が過ぎた昭和二十七年の夏、北さんは修養科を志願。教祖《おやさま》七十年祭に向かう教内の熱気にあおられ、北さんの信仰心は燃え上がった。

「帰ってからは、本当に勇んでね。弁当を提《さ》げて、近くの村々をにをいがけに歩いたけれど、それだけでは納得がいかず、単独布教にも出た」

単独布教といっても、それは家出同然の決行だった。いくばくかのお金とハッピ、最小限の荷物を携え、野宿をしながら布教に明け暮れた。その間、出会った教友たちから励ましを受け、温かい情にもふれた。

ある日、遺書のつもりで送ったハガキを頼りに、長兄が北さんの居所を捜し当て、三カ月に及ぶ単独布教は終わった。父親は心配のあまり眠れぬ夜を過ごしたが、北さんにとって〝若き日の冒険〟ともいえる布教の日々は、いまでも昨日のことのように懐かしくよみがえるという。

病状悪化、そして療養所へ

北さんは昭和三十四年、まず岡山県の長島愛生園《ながしまあいせいえん》に入った。その前年、治まっていたはずの病気が再発したのである。

「無菌」との診断で、完治したと思い込んでいた。ところが半年も経《た》たないうちに髪の毛が抜け落ち、顔じゅう腫《は》れ上がり、喉《のど》にも鼻にも重い症状が現れた。ハンセン病の末期だった。

「もはや治療もできず、このまま朽ち果てるのかと思った」が、折しも県のハンセン病担当官が訪れ、療養所に入ることを勧めた。

父親は猛反対したが、「どうせ死ぬのなら」と、北さんは自ら長島愛生園行きを決めた。

「死ぬ覚悟で療養所に入ったけれど、それまで考えていたのと違って、完全看護になっていた。家にいたときのように、周囲の好奇の目にさらされることもなく、正直ホッとした」

長島愛生園には、教友の集まりである「天理教誠心会」がある。北さんは同じ境涯の教友たちと心を通わせ、いっそう教えを求めた。「お道をやってきてよかった」と、心の底から思えた。

おぢばに帰りたい一心で

北さんが長島愛生園から多磨全生園へ移ったのは昭和四十年。病気の悪化で失った鼻の形成外科手術を受けるためだった。

手術を受けた理由は「おぢばに帰りたい」一心から。教祖八十年祭の旬に「別所母屋《べっしょもや》」が完成、各地の園からのおぢば帰りが相次いだ。北さんも、なんとしても親里の土を踏みたいと願った。

一年がかりの手術の末、北さんの鼻はよみがえり、愛生園に戻った。「手術はつらかったけれど、鼻ができて、久しぶりにおぢばへ帰ったときは本当に嬉《うれ》しくてね」。のちに鼻のけがで再手術を受けたが、いま隆起した部分は残っていない。

五十九年に再度、全生園に転園。何度か手術を受けたものの、手の傷口から雑菌が入って指をなくし、さらに左足が義足になった。「身を切って切って……。不自由になって初めて、かりものの身のありがたさが分かった」と。

その不自由な手で、リハビリ代わりに始めた陶芸の腕は、いまや玄人《くろうと》はだし。園内外の作品展に出品しており、昨年は高さ五〇センチの花びんを作った。

園の教友の〝心の拠り所〟

午後二時すぎ、講社祭が始まった。この日集まったのは、園内の教友と療養所を訪れていた天理大学「成人会」(宗教学科会)の学生、園に出入りしているようぼくら十人。

コラム

成人会の療養所訪問

天理大学「成人会」が全国のハンセン病療養所訪問を始めたのは昭和四十年の夏。以来、各地の療養所を回っては、ひのきしんや慰問活動などを行い、園の教友たちと交流してきた。

翌四十一年からは、元患者のための帰参宿舎「別所母屋」で世話取りのひのきしんを続けている。

静岡「駿河《するが》療養所」から多磨全生園に転園してきた望月章《もちづきあきら》さん（78歳・教人）は、天理大学生のエピソードをこう話す。

「常に礼儀正しいし、布団もきちんと畳んで、トイレ掃除までやってくれる気持ちのいい学生たちだと、面会所の係員が喜んでいた。また、駿河療養所が団参をしたとき、別所母屋で迎えてくれた彼らは、私たちが食べきれなかったおかずを一つに集めて、残さず食べてくれたんですよ。あれには皆、感心していたね」

松崎文男《まつざきふみお》・東磐分教会長（51歳）が祭文を奏上した後、皆でおつとめを勤めた。てをどりまなびでは、北さんが拍子木を叩《たた》きながら地方《じかた》を務めた。

多磨全生園には、ほかの療養所に見られるようなお道の信者団体や参拝施設などがない。そんななか、北さんは十一年前の二月、自宅に神実様《かんざねさま》をお祀《まつ》りした。

北さんの家に神様をお迎えすることが決まったとき、松崎会長は「園の皆さんの〝心の拠《よ》り所《どころ》〟になれば」と期待した。その期待通り、北さん宅で講社祭を勤め始めてからというもの、園内の教友らが毎月欠かさず集まるようになった。

いま、園内に住まう教友は五人。そのほとんどが、ほかの療養所から移ってきたという。ただ一人、全生園で長年暮らしてきたある教友は、「毎月集まる

北さん宅の講社は園内の教友の
〝心の拠り所〟になっている

ようになって、横のつながりができた」と喜ぶ。祭典後の直会《なおらい》では、和気あいあいと信仰談議に花を咲かせた。

◇

北さんは最近、これまでの人生を振り返って、一つの思いにたどり着いたという。

「いろいろあったけれど、生かされていることを実感して初めて〝生きる〟という意味が見えてきた。どんなに不自由だろうが、病気で体がガタガタになろうが、生かされている間は一生懸命に生きる。生かされていることへの感謝の気持ちを胸に、少しでもご恩返しをさせていただくためにも……」

(『天理時報』平成19年3月4日号)

ルポ

〝生きてきた証し〟を聴く

星《ほし》塚《づか》敬《けい》愛《あい》園《えん》〈鹿児島〉

ここはハンセン病療養所の一つ、鹿児島県鹿屋《かのや》市にある「星塚敬愛園」。取材に伺った日、お道を信仰する入園者の集い「陽気会」の教友たちが手料理を振る舞ってくださった。八人で食卓を囲むなか、陽気会会長の田原美枝子《たはらみえこ》さん（仮名・66歳）が、最近の出来事をぽつぽつと話し始めた。

それは平成八年に「らい予防法」が撤廃されて数年経《た》ったころのこと。来園したボランティアの人たちにお茶を出した。ところが一向に飲もうとしない。二度、三度と勧めても、ついぞ口をつけずじまいだった。ただただ、悲しさと悔しさが心に残った。

「すでに完治していることを知っているはずなのに、ひょっとしたら、病気がうつるかもしれないと怖がっているのだろうか。私たちは園に来てくれた人を、もてなしたいだけなのに……」

「この病気が正しく理解されるのは、いつのことになるのかねえ」と、美枝子さんは寂しげに笑みを浮かべた。

心動かしたひと言

教友たちの遠い記憶の中に、いまも鮮明に焼きついている出来事がある。昭和四十六年、天理大学「成人会」(宗教学科会)の学生たちが慰問伝道(現・面会ひのきしん)として初めて園を訪れた日のことだ。

入園者の一人が、到着したばかりの学生四十人に向かって問いかけた。

「病気は怖くない? 園に来ることを、親に言ってきた?」

学生は答えた。

美枝子さんのアルバムには、成人会の学生
たちとの思い出が詰まっている

「私たちは、一れつきょうだいじゃないですか！　もちろん、親も喜んで送り出してくれましたよ」

その場に居合わせた入園者から割れんばかりの拍手が起こった。感激のあまり、涙を流す人もいた。この学生のひと言が園の教友たちの心を動かし、訪問から三カ月後、未信仰の人を含む四十二人が大型バスでおぢばに帰ったという。

わが子のような存在

慰問伝道の滞在期間は一週間。学生たちは連日、園内でさまざまなひのきしんに励むとともに、食事や風呂などを共にした。

美枝子さんは言う。

「ある男性の話では、学生さんが『お背中流します』って、お風呂場に入ってきたみたい。その人はもう喜んでねえ。学生さんと一緒に湯船に浸《つ》かり、お酒を飲んで、そのまま一枚の布団にくるまって寝た」とか。

天理教療養所布教協議会副委員長の浅田治雄《あさだはるお》・薩隅《さつぐう》分教会長（54歳）は、このとき訪れた成人会のメンバーの一人だ。

「台風が近づいてきたので、帰る日を一日延ばした。その晩、園の人たちと住居の補修に回った。びしょ濡《ぬ》れになりながら参拝場に戻ると、〝姉さん〟が嬉《うれ》しそうな顔をしてタオルで拭《ふ》いてくれたなあ」と、美枝子さんのほうに目を向ける。

美枝子さんは当時二十九歳。連日、台所に立ち詰めで学生たちに手料理を振る舞ったという。

コラム①

「健脚の道」

広い園内には、約一八〇メートルの遊歩道「健脚の道」がある。

この道は、成人会の学生たちが平成十年と十二年の夏、二年がかりで整備。猛暑のなか、学生たちは「こどもおぢばがえり」のテーマソングなどを歌いながら、連日ひのきしんに励んだ。

一方、園の教友たちはスイカや栄養ドリンクなどを差し入れて労《ねぎら》った。土砂降りの雨で作業が中止になった日、じっくりと話し合ったことが、園の教友と学生が強い絆《きずな》を結ぶきっかけになったという。

「どの学生さんも、気持ちがいいほどよく食べるからねえ。でも、無茶なことをしたら叱《しか》る。私と学生さんとは、そんな間柄なの」

その後も全国の療養所を回った成人会の学生たちは、星塚敬愛園へ計十三回訪問した。当時、園の決まりで子どもを産むことを禁じられた美枝子さんにとって、学生たちは〝わが子のような存在〟だったに違いない。

「〝心の笑顔〟を失うな」

美枝子さんは幼いころ、母親からよくお道の話を聞かされた。特に印象に残っているのが、教祖《おやさま》の末女こかん様の通られた道すがら。「こんなに優しくて素敵《すてき》な人に、私もなりたいなあ」とあこがれた。

図らずも、美枝子さんが両親と別れて奄美大島《あまみおおしま》の療養所「奄美和光《わこう》園」に入所したのは十六歳の春、こかん様が父・善兵衛《ぜんべえ》様のお出直しの後、浪速《なにわ》布教に赴《おもむ》かれた年齢と同じころだった。

あの日、父は言った。「〝心の笑顔〟を失うんじゃない。陽気ぐらしの教えを忘れるんじゃないぞ」と。

園に入るや、同室の人に天理教の信者がいるのか尋ねたところ、一組の夫婦を紹介された。以来、神実様《かんざねさま》をお祀《まつ》りしていたその夫婦の家で朝夕のおつとめを勤め、てをどりを教わった。また、郵送されてくる『天理時報』や『みちのとも』をむさぼり読んだという。

その後、園内で知り合ったようぼくの弘美《ひろみ》さん（故人）と結婚。約三八〇キロ離れた本土の星塚敬愛園へ移り住んだ。

コラム②

「陽気会」最長寿者

下村《しもむら》トキさん（仮名・92歳）は昭和六年、十六歳のときハンセン病と分かった。ご守護を願って天理教校別科（修養科の前身）を志願。時は昭和普請のさなか。「瓦《かわら》一枚でも、ひのきしんさせてもらうように」との母の言葉を胸に、半年間、修養に励んだ。

その後、社会の差別から逃れるようにして十二年に入園。以来、約七十年にわたって園で過ごしてきたが、その中で一番心に残っている思い出は、陽気会の神殿普請だという。

教祖八十年祭に向かう昭和三十七年二月、鹿児島教区東部支部の応援を得て、園の教友たちはもっこを担ぎ、リヤカーを引いて整地作業を行った。瓦上げでは、手足が不自由な教友も一緒になって汗

を流した。
九月、神殿が落成。園の職員らを来賓に迎えて執り行った奉告祭では、おつとめ衣《ぎ》を着て十二下りを勤めた。当時、ようぼく・信者は四十人。
「神殿が完成するまでは、陽気会初代会長の甲《こう》木《ぎ》正《まさ》夫《お》さん宅や空き家を借りておつとめを勤めていた。奉告祭の日は、みんな涙と汗で顔がクシャクシャになった」と懐かしむ。

人生に耳を傾ける

陽気会の四代会長に就いた弘美さんが九年前に出直したため、現在、美枝子さんが後を継いでいる。いまは、園内の体調の思わしくない人たちにおさづけを取り次ぐ日々。そして、その人たちの通ってきた人生に、じっくりと耳を傾けている。父が言った〝心の笑顔〟を忘れずに。

「ここで暮らしている人たちは、それぞれつらい体験をしてこられた。私もその一人だけど、皆さん、自分が通ってきた人生を誰《だれ》かに聞いてもらいたいの。自分という人間が生きてきた証しをね」

翌日、美枝子さんは園内の病院や介護施設を回った。介護が必要な九十七歳の男性、九十代の女性、意識障害を起こしている八十代の男性……。あの日の

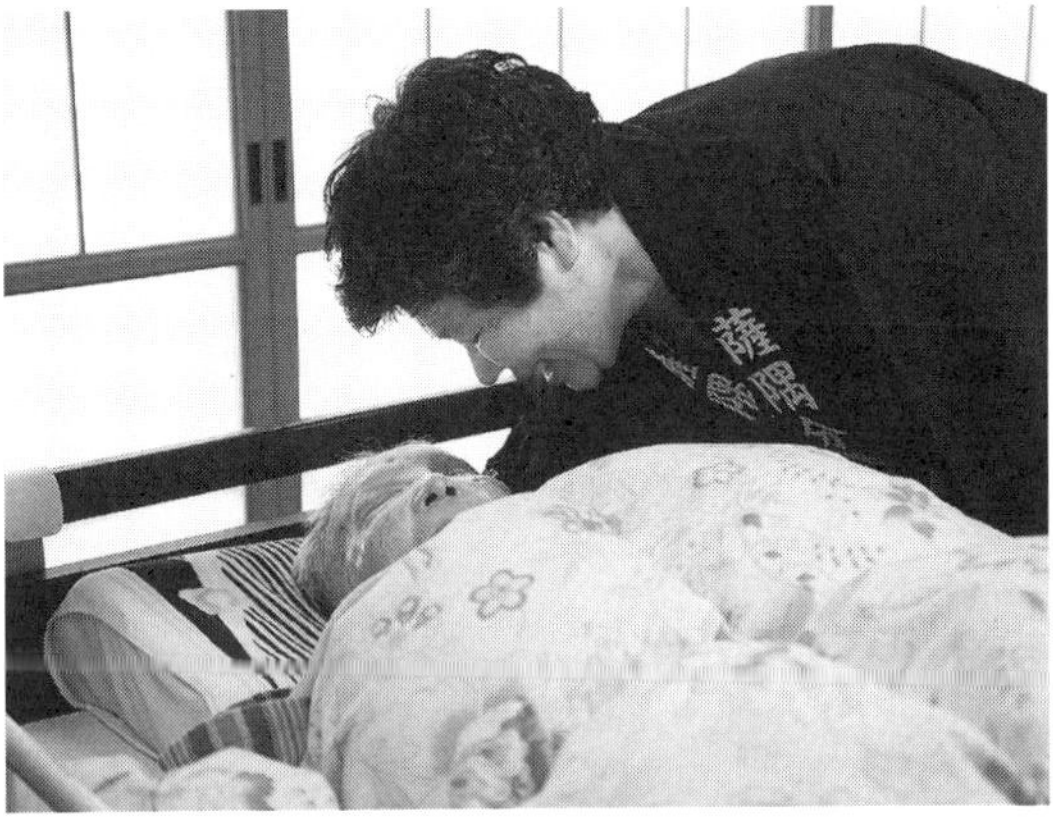

入院中の人のもとへ、毎日足を運ぶ美枝子さん

大型バス団参や、これまで五十回近く実施してきた団参に参加した人たちばかりだ。

おぢばで迎えてくれた成人会の学生たちは、自分たちの話に耳を傾けてくれた。時に笑い、時に涙し、何時間も話が途切れることはなかった。「だから私も……」と、美枝子さんは思う。

◇

「私には子どもがいない。でも、自分の信じたこの道を、誰かに受け継いでもらいたい。いまや成人会の学生さんたちは〝孫の世代〟。今年の夏も学生さんたちといろいろ話ができたらと、いまから楽しみにしているの」

美枝子さんはそう言うと、参拝場に掲げられている学生たちとの記念写真を、いとおしげに見上げた。

（『天理時報』平成19年3月4日号）

証言

親子の絆は最後まで断たれず

柏木《かしわぎ》正子《まさこ》（仮名・83歳）駿河《するが》療養所（静岡）

ハンセン病になって、わが子と引き裂かれることほどつらいことはなかったですね。

園に入って八カ月くらい経《た》ったころだと思います。初めて外泊許可をもらって一時帰省したんですが、友達と遊びに行ったはずの三歳の息子が、何度も戻ってきては心配顔で言うんです。

「母ちゃん、もうどこにも行くなよ！」

それはもう、胸がえぐられるような思いでした。園から外泊を許されたのは十日間だけです。「友達のお母さんは毎日お家《うち》にいるのに、どうしてお母さんは一緒にいられないの？」って、息子が涙目で訴えるんです。けれど、「お母さんは病気だから、また遠くに行かなきゃいけないの。いい子でいなきゃ、あかんよ」としか言ってやれない。息子は泣きそうになりながらも、友達のところに行くんですが、遊んでいる途中でまた帰ってきて、「もう行くなよ！」って何度も念を押すように言うんです。でも、私にはどうすることもできない。

私には三人の子どもがいました。家にいるときくらい、せめて母親らしいことをしてやらなきゃと思い、ごちそうを作って食べさせましてね。あれは戦後間もない、昭和二十六年秋のことです。

三人の子どもたちは、元の主人の両親に大切に育てられました。子どもたちも、さぞかしつらかったことでしょう。その子たちったら、園に戻った私のもとへ何度も面会に来てくれてね。私も何度も会いに帰りましたよ。

でもね、当時は隔離政策でしたからね、親子が一緒に暮らすことは叶《かな》わなかった。あれから半世紀以上の歳月が流れましたが、何がつらいかって、やっぱり子どものことを思い出すのが一番つらいですね。

コラム①

駿河療養所

富士山の裾野《すその》に位置する駿河療養所は、もともとハンセン病を患った傷痍《しょうい》軍人を受け入れる施設だった。

昭和十二年七月の蘆溝橋《ろこうきょう》事件を契機に日中戦争が勃発《ぼっぱつ》し、さらに第二次世界大戦へと戦火が拡大するなか、ハンセン病を患ったために内地送還される傷痍軍人が増加。そうした軍人の処遇が問題となり、十七年、ハンセン病傷痍軍人療養所を設置することが決まった。

この療養所は、日本で初めて建設される傷痍軍人療養所で、以後、静岡県知事に委託され、県の管轄下で敷地買収などが進められた。

しかし当時、戦況は日ごとに悪化しつつあり、労働力の確保や資材の入手は困難を極め、工事は思うようにはかどらなかった。設備面など患者を収容するのに十分ではない状況が続いたが、二十年六月、名古屋陸

軍病院から一人の患者を迎え入れ、この日をもって開所した。
　終戦後、ほかの国立療養所に在籍した傷痍軍人の中から希望者を募り、二十年十二月、国立駿河療養所として受け入れを始めた。さらに二十一年三月から一般のハンセン病患者を収容することになった。入所者数は、開所以来千二百九十一人を数えるが、三十一年の四百七十一人をピークに以後減少し、平成十九年二月一日現在では百二十二人となっている。

〝お召し列車〟に乗せられ

社会からは隔離されるし、わが子と離れて暮らさざるを得なかった私にとっては、お道が唯一の心の支えでした。

信仰は母の代からです。その母は足が悪くてね。私が小学一年生のとき、母の友達からにをいを掛けられたそうです。そのときは、すでに父は急性肺炎で出直していましたから、母と姉と私の三人暮らしでした。母の兄弟や親戚《しんせき》がいてくれたので、畑起こしなどを手伝ってくれて、ようやく生計を立てることができるような貧しい生活でした。でもね、貧乏だと思ったことは一度もありません。私の誕生日には母が赤飯を炊いてくれて、親子の愛情は本当に深かったと思いますよ。

母は修養科を了《お》えていますし、私よりずっとお道に熱心でした。左足が不自由だったのに、所属教会の月次祭の日には十キロの道のりを歩いて参拝に行っていたほどです。夏場はほとんど参拝を欠かさない母も、冬場になると、足が痛むので、私が代理で参拝に行くこともありました。雪の激しい日などは、教会の人から「家に戻ると危ないから、教会に泊まっていきなさい」って言われて、よくお世話になったものです。振り返ると、物心がつくころには「母を支えなきゃ」っていう気持ちが芽生えていたように思います。

そんな私も、結婚して三人の子どもに恵まれて、幸せな生活を送っていたんです。ところが、ハンセン病という大きな節を頂戴《ちょうだい》することになりました。結婚して六年くらい経ったころだと思います。三人目の子どもが生まれた直後で、それはもう、ショックでした。

なんだか体調がおかしいなというので、北海道大学の病院へ検査に行ったんです。その病院から母のもとに結果が知らされましてね、ハンセン病だということが分かったんです。母も相当ショックを受けたと思いますよ。母は院長に「何とかならないものか」と相談したらしいですが、当時は治る見込みのない病気です。「実家に連れて帰ったほうがいい」という話になったようで、母が嫁ぎ先へ来て、私に告げたんです。病気のことを聞いたときは、もう目の前が真っ暗になってね。その場に立っていられませんでした。でも、母は毅然《きぜん》としていましたよ。

「一筋心で通れば、何でもご守護いただける」

その言葉に少しは救われましたけれど、一筋心で通ると言っても、そのころの未熟な信仰では到底無理です。社会にいると、ほこりを積むことばかりで、どうしても一筋心になれない。それではご守護を頂けないですよ。

そんなころ、とうとう保健所の人が嫁ぎ先へやって来ました。

「お宅もハンセン病を患っていると聞きました。いまは強制じゃないけれど、ちょうど帯広《おびひろ》からハンセン病の患者を療養所へ連れていくことになりましたから、あなたも一緒に行きませんか？」

そのころ、私はいろいろなことで悩んでいました。ご守護いただきたいと思っても、社会にいては一筋心になるのは難しいし、社会から隔離された療養所で心を磨いたほうがいいのではないか。でも、そんなことができるんだろうか……。そんな自問自答が頭の中を駆け巡っていたし、いっそ死んだほうがましとさえ思ったこともありました。でも、自殺をしたら、家族や親戚に迷惑をかけてしまうし、何より子どもを残しては死ねないと思った。結局、保健所の人

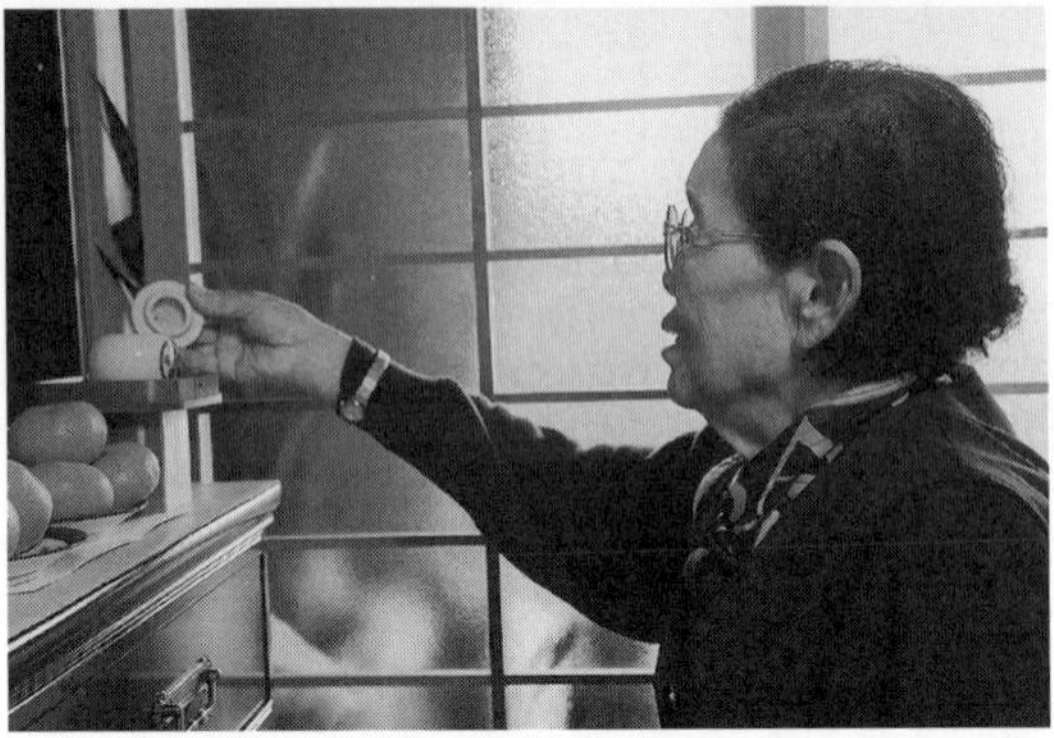

正子さんは毎日お水を供え、おぢばの
方角に向かって手を合わせる

に連れていってもらうことにしたんです。

子どもにしてみたら、私がどこかへ行くとは思っていなかったでしょうね。でも、お母さんと離れなきゃいけないというのは感じていたようです。

「どうして、こんな病気になったのかなあ」って義理の母と話していて、二人で泣いていたときに、子どもが言うんです。

「おばあちゃん、お母さん、泣くな。大人が泣いたら、おかしいなあ」

子どもも三人いればさまざまで、「行くな!」と言って一緒に泣く子や、本当は泣きたいのに「大人が泣いたら、おかしいなあ」って、背中を向けて言う子や……。あの光景を思い出すと、いまも涙が出てきますね。

園へ向かう当日は〝お召し列車〟に乗りました。患者を搬送する列車ということで、当時そんなふうに呼ばれていたようです。

保健所の職員二人と北海道庁予防課の職員一人が同行してくれましてね。そのころ保健所の人は、ハンセン病の患者を強制的に連行するといった、良くないイメージがありましたが、私を連れていってくれた保健所の人は、とても優しい人でした。

話を伺ったら、結核で兄弟六人を亡くして、自分一人だけが残されたとのこと。そんなこともあってか、ハンセン病の患者が列車に乗り込むときは、消毒液を絶対かけなければいけなかったんですが、私が「消毒してください」と言っても、その人は私にかけるようなことはしませんでした。「こんな人もいるんだ」と、心が温かくなりましたね。

〃お召し列車〃に乗るときは、夜十一時を回っていたのに、母が駅まで送ってくれました。母は私にこう言いました。

「いろんなことがあっても、自分の命を絶つようなことだけはしちゃだめよ。神様から授かった命なんだから、自分の命を絶つことは神様に背を向けることになるんだよ。分かった？　神様を裏切ることのないようにね」

これが母の最後の願いでした。私が子どもを思うように、母も子どもである私をどれだけ思ったことでしょう。あの夜の母の言葉は、いまも忘れることができません。

親子・兄弟のように

こうして園に来たんですが、長く療養生活を送っている人たちからは「あんたは、ここにずっと居なければならないのよ」って言われてね。そんなときは、

「あんたは治らなくても、私はきっと治るもん。神様に治してもらって帰るんだもん」って言ったこともありました。園に長く居る人にしてみれば、「この病気は治らないんだよ。だから、ここに居ることを考えたほうがいいよ」って優しくアドバイスをしてくれたんだと思うんですが、なにせ、そのとき私はまだ二十代ですよ。人生これからだと思っていましたし、園に骨を埋《うず》めるなんてことは思いもしないでしょ。

でも、日が経つにつれてね、だんだんと帰れないんだということが分かってきてね。それはもうつらくて、園から富士山が見える高台に上って、子どものもとへ飛んでいきたいと何度思ったことか……。

園にいる人は、どなたも私のように肉親と引き裂かれて入所させられた人ばかりですから、私と同じような思いだったはずです。当時の園には若い人が多くて、中学生の女の子が私と同じ時期に入所してきてね。私自身が泣きたい気分で毎日を送っているときに、その子がボロボロと大粒の涙をこぼすんですよ。私は家に置いてきた子どものことが心配だったし、その子がここに連れてこられて、さぞかし親が心配しているだろうと思うと、胸が痛んでね。「大丈夫?」って声をかけて話をしたんだけど、その子とは、いまでも親子のようなお付き合いをしています。そういう意味での、親子や兄弟のような人が園内には大勢いるんです。

母が面会に来た日

私が親として胸を痛めていたように、私の母もつらかったろうと思います。

あれは園に来て一カ月が経ったころでしたか、母が北海道からはるばる列車と船を乗り継いで面会に来てくれたんです。足が悪いのに、背中には重たそうな大きなリュックサックを背負っていました。

「正子、ちゃんと食べているか？」

母は私の顔を見るなり、そう言うと、リュックから手作りのお菓子を次々と取り出しました。机に並んだものは全部、私の子どものころの好物でした。飴《あめ》を溶いて固めたおこしとか、きな粉団子とか……。母がせっせと作って持ってきてくれたんだと思うと、涙がボロボロとこぼれてね。おぢばへ参拝に行ってから園に来たとのことで、疲れているだろうから二晩泊まってもらうことにしたんですが、母は大部屋で患者さんと一緒に寝てくれたんです。ハンセン病が伝染病だと思われていた当時、とても考えられないことでしょ。母の深い深い愛情を感じました。

母が帰ってから、幼いころの記憶を一つひとつたどってみると、母に手を引かれて教会へ通った思い出が鮮明によみがえってきました。そういえば、あのころ母が口癖のように言っていたことを思い出しましてね。

「教祖《おやさま》にもたれて通らせていただくのよ。きっと守ってくださるから」

その言葉を、私も心から信じてみようと思ったのです。それまで、母からお道の教えをよく聞かされてきましたが、それを実践するところまではいっていませんでした。もちろん当時は、おさづけの理を拝戴《はいたい》していませんし、どうすれば信仰を深められるのか、どうしたら一筋心になれるのかと考えていました。

それからは、とりあえず毎日おぢばの方角を向いて拝むことにしたんです。

そして、園の仲間や職員の方々には「自分は天理教の信者だ」と言って回るようになりました。それがせめてもの、にをいがけになればと思ってね。

私が信仰を求めれば求めるほど、教祖が子どものことを守ってくださるに違いない。それに母との心のつながりも、いっそう強くなると考えたのです。

信仰心に火が灯る

園から十キロくらいのところに、佐野原《さのはら》大教会があります。そこにお住まいだった役員の庄司茂壽《しょうじしげとし》先生という方が、昭和二十九年ごろから園に足を運んでくださるようになりました（140ページ・コラム②参照）。この庄司先生との出会いを通して、私は俄然《がぜん》、信仰に打ち込むようになったんです。

いま、園で信仰している人は数人いますが、当時の天理教のことを知っているのは私だけですので、少しそのころのお話をさせていただきます。

庄司先生が園に来られるまでは、誰《だれ》が天理教の信者なのか、どれだけいるのか分からないような状況でね。でも庄司先生が来てくださるようになってから、一人、二人と集まるようになったんです。

庄司先生と初めて会ったのは、私ともう一人の患者さんの二人でした。四畳半の部屋で、私たちより重い症状の患者さんの付き添いをしていたときだったと思います。そこに庄司先生が訪ねてくださったのだろうと……。あのころ、私は自分が天理教の信者だと園の人たちに言っていましたから、その噂《うわさ》を聞いて、私を訪ねてきてくださったのかもしれませんね。

こうして庄司先生が来てくださるようになってからは、「今度、立派な先生が来てくださるから、一緒に天理教の話を聞かせてもらいましょう」って、私

コラム②

月一回の教話会

庄司茂壽氏が療養所を訪れるようになったのは昭和二十九年。天理教信者がいることを知ったからである。

庄司氏は、教友たちと面会を重ねるうち、所内で月一回の教話会を開くようになった。正子さんは一回目の会合から参加。未信の人にもお道の話を聞いてもらいたいと、積極的に呼びかけに努めたという。

三十三年、教友たちの活動が認められ、天理教の団体が所内で公認を得た。その後、月に数回、てをどりまなびを勤めるようになった。当時、ようぼく・信者は二十三人だった。

も園の皆さんに声をかけて回ってね。毎回十人くらい集まってくれました。

お道は不思議だなって思うんです。庄司先生が来られるようになってから、香川にあるハンセン病療養所「大島青松園《おおしませいしょうえん》」の患者さんで、高橋勤《たかはしつとむ》さんという方が「この園に天理教の信者の方はおられますか？」と訪ねてこられました。全国の園を回っておられたかどうか、分かりませんが、信者の発掘というか、信者がいるかどうかを調査しに来られたのだと思います。

私は高橋さんを接待する役目に当たってね。そのお話を聞いて「はい、私は天理教を信仰しています」って話したら、高橋さんは「この園に天理教の団体を作りましょう」と言われるんです。作りましょうといっても、当時は十四人分の署名がないと、園内で宗教団体として認められないことになっていたので、署名が集まるかどうか心配だったのですが、高橋さんの勢いに背中を押されて、十四人分の判をお願いして回りました。そうしたら、ちゃんと必要な人数分の署名が集まって、園から一つの宗教団体として認められました。

ところが、当時の園では「回り葬式」というのがあってね。これは無宗教の人のお葬式を挙げるときに、それぞれの宗教団体で順に受け持つ決まりがあって、あるとき天理教の番が回ってきた。神様をお祀《まつ》りしていなかったら、団体が出来てもお葬式を挙げられないということになる。そこで急遽《きゅうきょ》、神棚をこしらえて、神様をお迎えすることになりました。あのときは、みんな精いっぱいおつくしをさせていただこうということになり、佐野原大教会のご協力を頂いて、共同礼拝場の一角に神実様《かんざねさま》を祀らせていただきました。あれは昭和三十七年だったと思います。

とにかく頑張りましたよ。みんながお参りできる場所が出来たというのが嬉《うれ》

しくてね。ほら、私が園に来たときは、毎日おぢばの方角を向いて手を合わせていたでしょ。そのことを思うと、本当にありがたい、ありがたいって日参させていただきました。講社祭の日には、神饌《しんせん》のお下がりと私が編んだ手作りの物入れを、参拝できなかった人や重病の患者さんの所へ配り歩いたりもしたんですよ。とにかく、当時は元気でしたねえ。

おぢば帰りの思い出

おぢばには何度も帰らせていただきました。教祖八十年祭のときは、大勢の園の人たちと汽車で帰らせていただきましてね。母がよく手紙をくれたんですが、封筒に入れてくれていたお小遣いや、来客の付き添いで頂く日当とか、それに内職で稼いだお金とかを、おぢばへ帰るためにコツコツと貯《た》めておいたんです。

園の外へ出るときには、お医者さんから「帰省証明書」を出してもらわないといけないんです。当時、一般の人たちは「ハンセン病はうつる病気だ」と思っていました。その誤った認識のせいで、菌が無いことを証明する書類が必要だったんです。この証明書がないと、園から最寄りの駅を通るとき、駅員さんに呼び止められてね。証明書を持っていれば安心して改札口を通過できるんですが、それでも、頭のてっぺんから足の爪先《つまさき》までジロジロと見られて、決していい気持ちはしません。

それに私の場合、この病気にかかってから眉毛《まゆげ》が薄くなっていたので、列車の席に座っているときなど、人に見られるのが嫌《いや》で、ハンカチを顔にかけていたんです。でも、周りの人たちが「この人なぜ、ハンカチなんかで顔を隠しているんだろう」という顔で見ているのが分かってね。知らんぷりをしていたけれど、何か悪いことをしたのかなとか、これから飛び込み自殺をするんじゃないかとか思われているだろうと思うと、つらくてね。北海道へ帰るときは列車や船に乗っている時間が長い分、人に見られる時間も長いから大変でしたよ。でも、おぢばへ帰るときには時間も短いし、そんなにジロジロと見られることはありませんでした。何より、おぢばに着いてからは、おかしな目で見られることは全くなかったのが本当にありがたくて。お道では、そんな偏見や差別をしたらだめだ、一れつきょうだいだという教えがあるでしょ。だから、とっても解放感がありましたよ。バスで京都や奈良に足を延ばしたりもしたけれど、やっぱり実際に見て感動したのは、ご本部の神殿ですね。母からおぢばの話はよく聞いていましたが、実物を見て、こんなに素晴らしい所なのかと驚きましたよ。

おぢばには何度も帰らせていただいて、本当にありがたいと思っています。あとね、園に来て十年以上経ってからですが、園内で主人と知り合いまして、一緒におぢばに帰ってくれたことも忘れられません。主人と二人三脚で歩むようになって、もう半世紀になります。主人がようぼくになったのは七年くらい前かしら……。一緒になってからというもの、園内の人たちをおぢばに誘ったり、ひのきしんをしたりと、神様の御用と聞けば〝いの一番〟につとめてくれたことが嬉しかったですね。

園で一緒に暮らし始めたころは、お互いの人生を語り合って、共に励まし合ったものです。同じ病を患った者にしか分からないこともあるでしょ。私は、

療養所の高台から富士山を望む柏木さん夫妻

たまには昔を思い出したほうがいいんじゃないかなって思うんですけど、主人はそうでもないみたいです。でも、心に傷を負った者同士、夫婦として寄り添って歩んでこられたことが何よりありがたいと、いま心から思っています。

いつの日か孫とおぢばへ

私の場合、園に〝お召し列車〟で来たって言ったでしょ。あとで聞いた話では、この列車には、有無を言わさず、どんな事情があろうとも乗せたそうです。ある意味では人生も一緒でね。出直しということも、お迎えが来たんだと考えると、〝お召し列車〟に乗るようなものだと思うの。もう、そんなことを考える年齢になってしまって、いまは少し寂しい気持ちです。

思えば、私の人生、波瀾万丈《はらんばんじょう》でしたね。でも、お道の信仰があったおかげで、心が救われた。本当に、心からそう思っています。だから、園が存続する限りは神様を祀っていてほしいんですよ。つらいときや嬉しいときに手を合わせてきた神様ですからね。

いま、しみじみと思いますが、信仰を伝えてくれた母に心から感謝していますす。母は、私が園に来て五年後くらいに出直しましたが、最後まで私のことを心配していました。出直す間際になっても「おまえには、なんにもしてやれなかった」って、寂しげに言うんです。子を思う親の心は、いくつになっても変わらないんですね。

母のことを思い出すと、胸がいっぱいになります。母は本当にお道一筋の人でした。「物を粗末にするな」「徳を積むように」と、母からよく言われた言葉を鮮明に覚えています。私の信仰なんて、母の足もとにも及びませんよ。母と比べたら、まだまだ一筋心になりきれていないんです。母は本当にすごい人でした。

この歳《とし》になって、親子の縁って本当に素晴らしいものだなあと、つくづく思うんです。私の子どもは子どもで、私のことを大切に思ってくれて。「もう行くなよ！」って泣いたあの息子が、新婚旅行で熱海《あたみ》へ行った帰りに、お嫁さんを連れて会いに来てくれたんです。あの日は、嬉しくて嬉しくて。主人が車を運転して、この辺りの観光名所を四人で回ったんです。あの日のことは一生忘れられないですよ。心の宝です。

たしかに、身を引き裂かれるようなつらい思いもしましたけれど、親子の絆《きずな》が断たれることはありませんでした。本当にありがたいことです。これもね、神様のおかげだと感謝しています。

あとね、いま心待ちにしていることがあるんですよ。たまに子どもたちと電話でおしゃべりするときに、今度は孫を連れておぢばへ帰ろうかって。それがね、いまの私の生きがいなんです。

特別講演

〝得な人生〟と思える自分になれたことが何より嬉しい

石《いし》田《だ》雅《まさ》男《お》
長島愛生園《ながしまあいせいえん》元自治会長

【いしだ・まさお】
鳥取県境港市出身。十歳のときにハンセン病と診断、現在の国立療養所「長島愛生園」（岡山県瀬戸内市）に〝隔離〟されて以来、六十年を園内で過ごす。園の自治会長を務め、「らい予防法」廃止後は、ハンセン病に対する理解を広めるため全国各地で精力的に講演活動を行っている。

※このお話は、平成十八年（二〇〇六年）八月二十七日、天理大学ふるさと会館で行われた第二十三回「一れつきょうだい」推進研修会での講演をまとめたものです。

長島愛生園での生活六十年

十歳の時にハンセン病を患い、長島愛生園《ながしまあいせいえん》へ入所してから六十年が経過しました。

私たちの病気は「ハンセン病」といいますが、以前は「らい病」と呼ばれて大変恐れられていました。その理由の一つは、この病気がもたらす症状にあります。典型的な症状として、手足の指などがボロボロと腐って落ちるといわれたり、さらに、治療法のない〝伝染病〟だと思われていたので、国は、らい対策として患者を療養施設に強制収容し、隔離したのです。この政策は、人間社会からの排除そのものであり、法的な実行力を伴うものとしては、昭和六年（一九三一年）に「癩《らい》予防法」が制定されたのです。

患者の多くは、世間からの偏見・差別を受け、家族からは「縁を切ってくれ、死んでくれ」などと言われて追い出されました。当時は、これがハンセン病患者にとっての一つの宿命的な生き方だと考えられていました。そして、療養所ならば少しは温かい風が吹いているだろうと内心期待したのですが、実際は、世間以上に偏見・差別に満ち、人間性を傷つける冷たい風が吹いていました。

一番つらい思いをしたのは、職員と患者の人間関係です。職員には、患者という意識がないどころか、非常に汚いものを見るといった態度で接するので、精神的に傷つけられることが数多くありました。ですから療養所では、人間同士の語らいや心を許し合うといったことは、患者同士以外ではあり得ませんでした。職員に心を開いて話すことは、怖くてとてもできませんでした。というのも、ひと言、間違ったことを言っただけで、鉄筋コンクリートの二重壁でできた「監房」と呼ばれる監禁室に入れられるからです。生意気なやつだと思われただけで入れられることもありました。

また、何か事が起こっても裁判はなく、処分権が付与された園長の独断で罪の重さ軽さが決められて、「十日間だ、二週間だ」と監房に入れられました。そうすることを国が許可していたのですから、職員に接するときは非常に身構えたものです。

長島愛生園では、患者を逃走させないために、徹底して日本円を持たせませんでした。そうしておけば、島から逃げ出しても、そう遠くへは行けないだろうと、逃走手段を一つひとつ絶っていったのです。その代わりに、「園金《えんきん》」と呼ばれる園内でのみ使用できる通貨があり、それで日用品などを買っていました。

また、職員が住んでいるところを「職員地帯」と呼び、患者はそこへ立ち入ることはできず、通過する際には許可証が必要でした。職員地帯には、表玄関として一般の見学者や職員が利用する専用の栈橋《さんばし》があり、島と本州との往来には立派な連絡船を使用していました。

一方、患者の地区には患者専用の栈橋があって、乗る船には屋根も腰掛けもありません。これは差別だと思いました。

このように、社会と断絶された生活の中で、初代園長の光田健輔《みつだけんすけ》先生が奨励した「生きがい対策」は、「宗教」と「文芸」でした。園内に宗教団体は九宗派あり、もちろん天理教の参拝場もあります。現在、入所者は大変高齢化していますが、信仰の世界が大きな心の支えになっていたことは間違いありません。

また、川柳《せんりゅう》、俳句、詩といった文芸活動もとても盛んに行われていましたが、いまは随分と衰退してしまったように思います。文芸活動を療養所生活の心の支えにしていた谷川秋夫《たにがわあきお》さんは、平成五年（一九九三年）に皇居の歌会始《うたかいはじめ》に入選するほど、とても良い歌を作っています。

「癩予防法」改正に立ち上がる

昭和二十六年、私たちは全国組織を結成し、二十八年に法律の廃止、あるいは見直しを国に請願しました。これを「癩予防法改正運動」といい、人権闘争として位置づけました。しかし、この改正運動も、結果的には隔離の条文はそのまま残されて、大きく変わりませんでした。しかし、近い将来、「らい予防法」の廃止、あるいは見直しが必要だという付帯決議が記されました。

昭和三十一年には「国際らい会議」がイタリアのローマで開催され、日本がハンセン病患者を隔離していることが大きな問題となり、先進諸国の代表から批判を浴びましたが、国は動こうとしませんでした。

それから約四十年後の平成八年、強制収容と隔離を絶対的な柱とする「らい予防法」がようやく廃止になりました。しかしながら、この廃止はあまりにも遅すぎたと、多くの仲間たちは考えています。廃止になって、まだ十年しか経《た》っていないかと思うと、とても悔しい気持ちになります。

平成十年には、「らい予防法」が日本国憲法に違反していたということから、らい予防法違憲国家賠償請求訴訟《そしょう》(ハンセン病訴訟)が起こりました。そして三年後、国会が「らい予防法」を見直すべきだとしながらも、何十年も放置してきたということで、原告側の勝利判決となりました。

遅かった〝療養所の夜明け〟

全国に国立ハンセン病療養所は十三カ所あります。かつては各療養所に八千人から一万人いた患者も、いまでは三千百人程度です。高齢化が進み、平均年齢は七十八歳です。施設の雰囲気も、かつては非人道的であったのが、いまでは人間らしい扱いを受けるようになりました。このような〝療養所の夜明け〟は、平成元年の春になって長島へ訪れたのです。

私たちは長島と本州との間に橋を架けてほしいと国に要求し続けてきました。十七年にわたる架橋運動の末、ようやく橋が架かりました。これを、私たちは〝人間回復の橋〟とか〝解放の橋〟、または〝社会参加の橋〟と呼んでいます。隔離された特殊な環境の療養所から、開放的な療養所へ、社会のどこにでも見られるような療養所へという形になっていったのは、橋が架かってからではないかと思います。

判決に基づき、国や地方自治体は、長期の隔離で故郷《ふるさと》に帰れなかった人、社会参加できなかった人を支援するなど、温かい手を差し伸べてくれるようになりました。

しかし、非常に残念なことに、入所者はいまではかなり高齢なのです。ありがたい時代が来て、社会復帰をしたり、故郷の家族に会いに行こうとしても、故郷の家族構成は変わり、ひどい場合は一家離散しています。また、社会生活や社会復帰ということもままなりません。そうしたことが悔しくてならないのです。もはや、すべてが手遅れなのです。

このような中で、私は一つの信念を持つようになりました。手遅れだからといって、過去のことを悔やんで生きることは大きな間違いだと気づいたのです。橋が架かったとき、多くの仲間たちは喜びながらも「遅すぎた」「あと二十年早ければ」と言いました。たしかに、遅すぎたことには違いありませんが、遅いという思いに自分たちが振り回されてしまったら、ようやく架かった橋が、この先どうなってしまうのだろうと案じました。

「らい予防法」が廃止になったときや、訴訟で勝利したときも同じです。入所者は喜びの言葉をあまり口にしませんでした。口にするのは「もう騒がないでくれ」「長年、療養所で過ごしてきて、いまさら社会復帰だとか、里帰りだとか、社会の人たちと手を取り合って笑顔で語り合おうとか、そういうことはやめてくれ。自分たちの明日は、そう長くはないんだ」といった言葉でした。そのような声が圧倒的に多く、ほとんどの入所者にとって〝療養所の夜明け〟は遅すぎたと思えました。

しかし、十七年もの間、手を緩《ゆる》めることなく国に要求し続けて、やっと橋が架かったのに、「遅すぎた」のひと言で片づけるわけにはいきません。明日まで、あるいは半年、一年、五年と命が与えられる限り、私たちは私たちの手で、この橋をどのように生かしていくか、意義あるものにしていくか、このことが、私たちのこれからの務めだと考えたのです。

当時、私は自治会の総務委員会の責任者をしていたので、マスコミの取材を受けたとき、「橋が架かったということは、入所者にとって、これからが大変だということです。緊張しています」と、喜びよりも先に緊張感を申し上げました。

この橋が本当に〝人間回復の橋〟として、私たちが社会へ足を踏み出すことに結びつくのだろうか。橋を渡ってくる多くの人たちを笑顔で迎え、語り合うことができるのだろうか。長年、隔離を強いられてきて、橋が架かって自由なんだと言われても、外の社会の人たちに急に心を許せるだろうか。どれ一つ取っても、数年、いや数十年かかるのではないかという不安に襲われたのです。

一方、橋が架かったことで、「もう隔離の必要はないんだ」ということが、世間の人にも一目瞭然《いちもくりょうぜん》になったということは、喜びの一つでした。そして、少し遅れて「らい予防法」も廃止となり、私たちにとっては肉体的にも精神的にも物理的にも隔離から解放されたんだと実感できました。

ですから、明日という時間が短いなら短い分だけ、一生懸命に人間らしく生きていくことが、私たちに課せられた時間の使い方ではないかと考え、一日一日を大切に生きようと思っています。

いまだ残るハンセン病問題

長島愛生園では、施設見学や入所者との交流会などで多くの訪問者との出会いがあります。昨年は約一万五千人の方が来られました。以前、私が自治会の会長をしていたときも、土日に訪問者が来られると聞くと、仲間の役員たちと協力して、万障やりくりをしてお迎えしていました。当初は役員を数人ずつに分けた班で迎えていましたが、年々訪ねられる人が増えていくので、一人ずつ受け持つようになりました。

いま、自治会の役員は十八人いますが、大勢の団体に対して一人で対応せざるを得ない状態です。私はいま自治会の役員を退いていますが、声が掛かれば極力応じます。これからの時代は、来訪者の方にハンセン病のことを知ってもらうことが大事だと考えるからです。施設を見てもらうこともそうですが、とにかく入所者の話を聞いてもらいたいのです。

ところで、今年二月のことです。ハンセン病問題は方々で耳に入り、理解もされてきていますし、随分と解消されてきたように思えて、気持ちが緩んだときでした。ハンセン病問題はまだ終わっていないことを実感させられる、ある出来事がありました。

あるとき、七十人の団体が来られ、私が案内をした後、昼食の時間に七つのテーブルに分かれてお互いに交流を図りました。私のテーブルにも十二人ほどの来訪者がいて、その中の一人が恐る恐る話を切り出されたのです。

「実は、ここへ来るときに、家族が『行って大丈夫なのか、うつらないのか』と心配していました。市の呼びかけだから大丈夫だろうと言って来たのです」

また、ほかの人も、家族から同じようなことを言われたと正直に打ち明けられました。そういう話を聞いて、ハンセン病問題は、いまもそこかしこに残っている、まだまだ私たちは頑張らなければいけないと思いました。

「得をしたことはありますか？」

私の本当の出身地は兵庫県明石《あかし》市ですが、鳥取県で収容されたことから、鳥取県の境港《さかいみなと》の出身になっています。

平成十三年のハンセン病訴訟の判決以降、国や地方自治体はハンセン病患者に対して謝罪を行っています。かつて、無らい県運動（ハンセン病患者を隔離・強制収容し、県内から完全に無くそうとした運動）に盛んに取り組んで〝優等県〟といわれた一つに、鳥取県があります。そこの片山善博《かたやまよしひろ》知事が、謝罪のために愛生園へ来られた際、いろいろと話をしたところ、「これからのハンセン病啓発のために、どのような取り組みを望まれますか?」と尋ねられました。私は「大人にはハンセン病について正しく認識してほしい。そして、これからの時代のために、学校教育の場でハンセン病の学習をしてもらいたいと思います」と申し上げました。すると、すぐに実行に移されて、その年から、私を含む三人が、鳥取県の小中学校や高校で講演をするようになり、すでに五年余りが経《た》ちます。

そんな折、鳥取県の大山《だいせん》に近い小学校へ講演に行くことになり、事前に児童から寄せられた質問を見ていました。そのとき、四年生の女の子の質問にドキッとしたのです。「ハンセン病を患って、得をしたことはありますか?」と。

家内と顔を見合わせて、少し考えたところで「そうだ。大いに得をしている」と思ったのです。

一般の人は、当たり前のこととして、朝方に人に会ったら「おはようございます」、昼に会えば「こんにちは」とあいさつをします。これが社会では当たり前の光景です。この当たり前のことでさえ、私たちにとっては素晴らしい喜びに思えるのです。

以前は、職員をはじめ、私たちが対岸の集落に行って「おはようございます」「こんにちは」と声を掛けても、ほとんど返事がかえってきませんでした。ジロッと一瞥《いちべつ》されるだけだったのです。ましてや、小さな商店街の店先で立ち止まったら、追い立てるように「出て行け」と言われました。

このような扱いを受けてきた者にとって、外へ出たときに、初めて人間らしい会話とか、優しい言葉を掛けてもらうことは、普通ならそんなに感動しないことかもしれませんが、ものすごく嬉《うれ》しいのです。

まして、仲間の中には病気のために肉体的な後遺症や障害をもつ人もいます。私は手足が悪くても、視力もあり、車も運転でき、また趣味のカメラを持って出掛けたり、小旅行もできることが幸せだと感じています。私の周りには、考え方一つで幸せや喜びがいっぱいあると知ることができましたし、そうした喜びを感じられる人間になれたということは何よりも嬉しいことです。

そのように思うと、女の子の「得をしたことはありますか？」の問いに対して、「ちょっとしたことでも大きな喜びに受け取れる力を持つことができました。では、何が私をこのようにしたのでしょうか。それは、この病気になったからではないかと、いまにして思うのです。この人生のおかげで、私はたくさんの得をしていますし、日ごろから、この得の部分を喜んでいるのです」と答えられると思ったのです。

人生を一生懸命生きていく

これは、決して強がりを申し上げているわけではありません。多くの人たちは、おそらく同情してくれるでしょう。この病気になって、人生の大半を療養所で過ごし、人々から疎《うと》まれ、汚いものでも見るようなひどい扱いや差別を受けながら生きてきたということから、「可哀相《かわいそう》に、この病気にさえならなかったら……」と言ってくださるでしょう。

たしかに、この病気にならなかったら、私はどのような人生を送ったのだろうかと考えると、正直言って悔やまれるときもあります。しかし現実には、この病気にかかり、当時はこの道しか生きるすべはありませんでした。私は療養所で過ごすという形で老いていくのでしょうが、この人生に悔いはありません。病気にならなかったら、絶対にいい人生を送ることができるという保証はどこにもありません。「病気にならなかったら」と仮定しても、いい人生になったかどうかは分からないからです。

それよりも、現実に自分が歩んできた道は険しく、みじめな生き方を強いられてしまったということになるかもしれませんが、私はこの六十年間を療養所で過ごしてきて、少なくとも二十五年前からは、自分の人生に後悔しないようになりました。このときは、まだ橋も架かっていませんでした。いろいろな形で温かい励ましや友情を頂き、とても嬉しい気持ちになって、生まれてきたのもまんざらではなかったなという思いになれたのです。そのときから、これからの生き方は「もう遅い」という気持ちを持たずに、いい時代が来たら、一生懸命に生きていく。そのように私の生きる姿勢は変わっていきました。

今年六月、鳥取県の小学校に招かれて、九十八人の五年生の前でお話をしました。たくさんの質問をもらい、また、お別れするときは、子どもたちが手を組んでつくったアーチの下をくぐって帰りました。そのとき、一方の手は握手を求めてきて、目の前が歩きにくいほど小さな手が絡《から》んできました。子どもたちから「石田さん、頑張って！」と声を掛けてもらい、感動しました。いよいよアーチの終わりに近づくと、「私たちも頑張るから」と言ってくれたのです。多くの励ましにジーンときて、大きな勇気をもらいました。

「生まれて良かった」と思える社会に

最後に、鳥取県部落解放人権確立研究集会で少しお話ししたことが『日本海新聞』の一面で取り上げられています。それは、次の一文です。

「私たちが望む社会は、どのような境遇にあっても、人間として生まれてきて良かったと思える社会こそ、本当に誇れる人間社会ではないでしょうか。そうした社会をつくるために、それぞれが何をすべきなのかを考えることが、これからの時代の大切なところではないでしょうか」

今後、皆さんが愛生園に来てくださり、交流ができればと思います。また、私たちのほうからも出かけていき、小さな集まりの大きな交流を図っていくことができたら、ありがたいと思います。

ハンセン病関連略年表（太字は天理教に関するもの）

明治6	一八七三	ノルウェーのアルマウェル・ハンセン医師が「らい菌」発見
明治30	一八九七	「第一回国際らい会議（ベルリン）」で「感染症」と確認
明治40	一九〇七	「癩《らい》予防ニ関スル件」公布 「浮浪らい」と呼ばれる身寄りのない患者を療養所に収容・隔離するための法律。救護者のある患者は対象とならなかったため、入所者数は全患者の三・六パーセントにとどまった。
明治42	一九〇九	全国五カ所（青森・東京・大阪・香川・熊本）に公立療養所が開設

		「第二回国際らい会議（ベルゲン）」で感染力の弱さを確認 **大阪府「外島《そとじま》保養院」で本教信者（患者）約五十人がおつとめ、ひのきしんなどの信仰活動始める（のちの邑《おく》久光明園「天理教一条会」）**
大正4	一九一五	患者への断種（不妊手術）始まる
大正14	一九二五	**香川県大島青松園に「天理教寄進会」発足**
昭和5	一九三〇	初の国立療養所「長島愛生園」開園（岡山）
昭和6	一九三一	「癩予防法」公布 「癩予防ニ関スル件」を改正した法律。ハンセン病絶滅政策で、在宅療養の患者も強制隔離されることに。以降、「無癩県運動」が全国に広がる。

昭和9	一九三四	中山正善《なかやましょうぜん》・二代真柱《しんばしら》が岡山県長島愛生園に患者収容舎「天理寮」寄付（11年に第二天理寮、14年に第三天理寮）
昭和10	一九三五	岡山県長島愛生園に「天理教誠心会」発足
昭和11	一九三六	救らい伝道の一環として「草津《くさつ》ひのきしん会」発足（群馬）
昭和15	一九四〇	厚生省が「無癩県運動」の徹底を通知
昭和17	一九四二	群馬県栗生楽泉園に「天理道場楽泉園布教所」設立。24年に「あけぼの会」と改称。のち63年に「楽泉園布教所」となる
昭和18	一九四三	アメリカの医師ファジェットがハンセン病治療薬「プロミン」を発表。ハンセン病は「治る病気」となる
昭和21	一九四六	宮城県東北新生園に「天理教陽気会」発足
昭和22	一九四七	日本でもプロミンの使用が始まる

昭和23	一九四八	「優生保護法」公布。ハンセン病患者・配偶者の断種、堕胎を明記
昭和24	一九四九	**鹿児島県星塚敬愛園で「天理教陽気会」発足**
昭和26	一九五一	「全国国立らい療養所患者協議会（全患協）」結成 **青森県松丘保養園に「みちのく友会」発足**
昭和28	一九五三	「らい予防法」公布 「癩予防法」を改正した法律。全患協の強い要望にもかかわらず、強制入所、就学禁止、外出禁止などの基本方針や懲戒規定はそのまま残り、以後四十三年間放置される。 **熊本県菊池恵楓園《きくちけいふうえん》に「道友会」発足**
昭和33	一九五八	**静岡県駿河療養所で「天理教成人会」発足**

昭和35	一九六〇	WHO（世界保健機関）がハンセン病患者の差別法撤廃と外来治療を提唱
昭和40	一九六五	「天理教療養所布教協議会」結成 天理大学「成人会」による面会ひのきしん（夏季休暇を利用）始まる
昭和41	一九六六	「別所《べっしょ》母屋《もや》」開設
昭和49	一九七四	沖縄県宮古《みやこ》南静園《なんせいえん》に「天理教いこいの家」設立
昭和63	一九八八	隔離からの解放を象徴する「邑久長島大橋（人間回復の橋）」開通
平成5	一九九三	高松宮記念ハンセン病資料館が開館（東京都東村山市）
平成8	一九九六	「らい予防法」廃止

		「癩予防ニ関スル件」から九十年続いた国の隔離政策が正式に廃止。見直しが遅れたことなどについて厚生大臣が初めて謝罪。
平成10	一九九八	熊本・鹿児島両県の元患者らが、熊本地裁に「らい予防法違憲国家賠償請求訴訟」を提起（翌年には東京、岡山でも訴訟）
平成13	二〇〇一	「らい予防法」違憲国家賠償請求訴訟で、熊本地裁が原告勝訴の判決 国は控訴しない方針を決定して判決が確定。小泉純一郎首相は5月25日に談話を発表してハンセン病患者・元患者に謝罪、問題解決に全力を尽くす決意を表明。
平成14	二〇〇二	新聞紙上に厚生労働大臣名の謝罪広告を掲載（3月23日と5月30日）

平成14	二〇〇二	「ハンセン病問題に関する検証会議」設置 「国立ハンセン病療養所等退所者給与金事業」開始
平成15	二〇〇三	熊本県でハンセン病元患者へのホテル宿泊拒否事件
平成17	二〇〇五	「ハンセン病問題に関する検証会議」が最終報告書を厚生労働省に提出
平成20	二〇〇八	「ハンセン病問題の解決の促進に関する法律」公布 「らい予防法」廃止後も残る元患者への差別や偏見の解消を推進するための法律。翌21年施行。

参考＝『ハンセン病問題に関する検証会議最終報告書』(ハンセン病問題に関する検証会議)
『ハンセン病問題に学ぶ』(同和問題にとりくむ宗教教団連帯会議)
『ハンセン氏病布教史録』(天理教療養所布教協議会編)

きずな新書 003

明日《あす》への伝言《メッセージ》　ハンセン病療養所《びょうりょうようじょ》の教友《きょうゆう》たち

立教173年（2010年）9月26日　初版第1刷発行

編　者　天理教道友社

発行所　天理教道友社
〒632-8686　奈良県天理市三島町271
電話　0743(62)5388
振替　00900-7-10367

TENRIKYO DOYUSHA

印刷所　株式会社天理時報社
〒632-0083　奈良県天理市稲葉町80

ISBN978-4-8073-0551-3
定価はカバーに表示

道友社きずな新書

創刊のことば

いま、時代は大きな曲がり角に差しかかっています。

伝統的な価値観が変容し、社会のありようが多様化する中で、心の拠《よ》り所《どころ》を見失い、自己中心的で刹那《せつな》的な生き方に流れる人々が増えています。

そんな現代社会の風潮が、最も顕著に現れている姿が〝家庭の崩壊〟ではないでしょうか。

夫婦・親子のつながりの希薄化は、さまざまな家族の問題を引き起こし、社会の基盤を揺るがしかねない深刻な問題となっています。このような時代にあって、天理教の信仰者には、社会の基本単位である家族の絆《きずな》を強めつつ、心を合わせ、互いにたすけ合う団欒《だんらん》の姿を社会へ映していくことが求められています。教えに沿った生き方を心がけ、ようぼくらしい歩み方を進める中で、親神様と人間の〝究極の家族団欒〟である陽気ぐらし世界を目指していくのです。

道友社では、この大きな課題に真摯《しんし》に向き合ううえから、現代社会における信仰者のあり方を見つめ直すとともに、一れつきょうだいの絆を結ぶ一助として、さらには「道と社会」の橋渡しとなることを願って、「きずな新書」を創刊いたします。

立教173年４月